SÜDAFRIKA

Hier ist im ganzen Lande weder Weg noch Steg, ausser welche
die Menschen und das Wild machen und bahnen . . .
Hier findet man die höchsten Berge, aber unter denselben die
schönsten Täler, warme Gründe und Wasserströme . . .
Das Land ist alles ungebaut, ungeräumt, allerdings, wie es in der
Schöpfung von Gott erschaffen worden. Und halte ich davor,
wenn Leute wären, welche diese ungebaute Erde bauten,
pflanzten und bewohnten, daß hier das beste Land sein sollte . . .

Johann Schreyer, Reise nach dem Kaplande und Beschreibung
der Hottentotten 1667 bis 1677

SÜDAFRIKA

Fotografie Christian Heeb
Text Paul Michael Schumacher
Bernd Wiese

Bucher

Inhalt

Seite 1: Im Krüger-Nationalpark.
Seite 2/3: An der Mündung des Umngazi River in den Indischen Ozean.
Links: Das «Amphitheater» im Royal-Natal-Nationalpark.

Bernd Wiese

«Eine Welt in einem Land»

Geographie, Flora und Fauna Südafrikas

«Südafrika – eine Welt in einem Land» – der Werbeslogan des südafrikanischen Fremdenverkehrsamtes könnte für die Naturräume des Landes nicht treffender formuliert sein: Vom Meeresspiegel an den Küsten erhebt sich das Binnenhochland auf ein Niveau von etwa 1700 Metern und gipfelt schließlich in der Hochgebirgslandschaft der Drakensberge mit über 3000 Meter Höhe. Die Gesteine, aus denen der Sockel Südafrikas besteht, dokumentieren nahezu den gesamten Zeitraum der Erdgeschichte. Einige stammen mit einem Alter von etwa sechs Milliarden Jahren aus der Erd-Urzeit, dem Archaikum, andere zeugen durch ihre Beschaffenheit von einer Eiszeit auf der Südhalbkugel vor ungefähr 300 Millionen Jahren, und jüngste Ablagerungen, wie beispielsweise die Dünen an der Küste, werden gerade erst gebildet. Landschaftlich gliedert sich Südafrika in das Hochplateau, seine Gebirgsflanken, die umgebenden Küstentiefländer und die Kettengebirge des Kaplandes. Tropisch warm-feuchte Luftmassen aus äquatorialen Breiten, kühlfeuchte Luftmassen aus dem Süden, regenbringende Meeresluft von Osten und heißtrockene Massen über dem Landesinneren und dem Westen des Landes bedingen ein mildes, sonniges, nur in der Regenzeit von Schauern unterbrochenes Klima.

Die Pflanzenwelt hat sich den unterschiedlichen klimatischen Bedingungen angepaßt, so findet man warm-tropische Savannen im tropisch warmen Nordtransvaal und an der Küste von Natal, Grassteppen auf dem milden, winterkalten subtropischen Hochveld in Gauteng und im Oranje-Freistaat und Halbwüsten und Wüsten im winterkühlen, sommerheißen Klima der Karoo, der Kalahari und der Namib. Die Flora der südwestlichen Kapregion gilt als einzigartig auf der Welt: Hier dehnen sich die Strauchpflanzen des Fynbos aus, die an die Macchia des Mittelmeerraumes erinnern, diese jedoch an Artenvielfalt bei weitem übertreffen: Hunderte von Erikazeen und die verschiedensten Proteen – die Nationalblumen Südafrikas –, mannigfaltige Astern, Lilien, Gladiolen, Geranien und Orchideen kennzeichnen den Fynbos. Die Mittelgebirge mit einer Höhe von 500 bis 1500 Metern sind von immergrünen Wäldern überzogen. Im Hochgebirge oberhalb von 2200 Metern findet man alpine Matten und Bergheiden. Fast vegetationslos sind dagegen die sturm- und gewitterumtosten Gipfel der Drakensberge. Im Thabana Ntlenyana an der Grenze zwischen Kwazulu/Natal und Lesotho erreichen sie mit 3482 Meter den höchsten Punkt des südlichen Afrika.

Den großen Klima- und Vegetationsgebieten entsprechen sogenannte *Biome*, natürliche Lebensräume, mit einer charakteristischen Tier- und Pflanzenwelt. Die nördlichen Landesteile Südafrikas und die Ebenen im Osten gehören mit ihren starken Sommerregen und durchschnittlichen Jahrestemperaturen von 18 Grad Celsius zu den Randtropen. Hier findet man das ganze Spektrum der Tierwelt afrikanischer Savannen: Elefanten und Nashörner, Antilopen und Leoparden, die flinken Geparden und eine bunte und vielstimmige Vogelwelt.

Die Grassteppen und lichten Gehölze des Landesinneren dienten bis in die zweite Hälfte des 19. Jahrhunderts den Büffel-, Zebra- und Antilopenherden als Weidegründe; sie fielen der Jagd nach Fellen und Horn, aber auch der Umwandlung in landwirtschaftliche Nutzflächen, in Städte und Bergbaustandorte zum Opfer.

Eine artenreiche Tierwelt gibt es dagegen heute noch in der Kalahari, wo Wassermangel den Menschen das Leben unmöglich macht, die Herden der Antilopen, Zebras und Büffel sich aber durch Wanderungen an die Natur angepaßt haben.

Zum Reichtum der Landtiere kommt eine Meeresfauna, die in ihrer Artenvielfalt und ihrem Formenreichtum zu den Weltwundern gehört: Von Sardinen bis zu Haien, von den kleinen Kaprobben bis zu den gewaltigen See-Elefanten reicht das Spektrum der marinen Welt. Sie hat sich den beiden großen Meeresströmungen, dem etwa 20 bis 25 Grad Celsius warmen Agulhas-Strom auf der Ostseite Südafrikas und dem kühlen, nur 12 bis 15 Grad Celsius erreichenden Benguela-Strom auf der Westseite angepaßt. Die Südküste als Mischzone der beiden Wassermassen ist ein idealer Lebensraum für Meerestiere und gehört deshalb zu den Anglerparadiesen der Erde.

Reichtum unter der Erde

Südafrika ist ein reiches Land, betrachtet man neben den Naturlandschaften auch seine Bodenschätze wie Gold und Diamanten, Platin und Vanadium, Eisenerz und Steinkohle. Sie ließen den Staat zu einem der wichtigsten Bergbauländer der Welt aufsteigen. Dadurch wurde er die führende Industrienation Afrikas. Südafrikas Hafenanlagen und Verkehrswege suchen dementsprechend auf dem Kontinent ihresgleichen. Doch mit dem Reichtum kamen auch die Probleme: Die Städte, geprägt durch die gepflegten Wohngebiete der Ober- und Mittelschicht, aber ebenso von den unkontrollierbar wachsenden Wellblechsiedlungen der Armen, verzehren immer mehr Raum und verdrängen Tiere und Pflanzen. Die Intensivierung der Landwirtschaft durch den Einsatz von Chemikalien, die Bodenzerstörung durch Raubbau auf Farmen und in den von Kleinbauern übervölkerten Gebieten oder der sorglose Umgang mit den begrenzten Wasservorräten sind weitere Faktoren, die Südafrikas natürlichen Ressourcen bedrohen. Zwar hat man ungefähr sieben Prozent des Landes zu Natur- und Wildschutzgebieten erklärt und immer mehr Farmer stellen auf Wildfarmerei und Wildhege um, dennoch ist das Umweltbewußtsein bei der Mehrheit der Bevölkerung noch kaum entwickelt, die Endlichkeit der natürlichen Ressourcen ist noch nicht so offensichtlich wie in den Industrieländern Europas und in den USA.

Bisher haben Südafrikas strenge Naturschutzgesetze bedrohte Tier- und Pflanzenarten per Dekret geschützt. Inzwischen entspinnt sich jedoch eine Diskussion im Land, die auch weltweit «Erste Welt» und «Dritte Welt» spaltet: Dem bewahrenden Umgang mit der Natur steht die Bekämpfung der Armut durch wirtschaftlichen Fortschritt und primäre Sicherung der Ernährung entgegen. Umweltschutz wird in diesem Kontext als «Luxusgut» der Ober- und Mittelschicht angesehen, das für die Masse der Armen, die ums Überleben ringt, ohne Bedeutung ist. Angesichts wachsenden internationalen Engagements für die Erhaltung der natürlichen Ressourcen wie der Meere, für den Schutz von Naturdenkmälern von Weltrang wie den Drakensbergen oder zur Bewahrung bedrohter Arten wie des weißen Nashorns und angesichts der steigenden Bedeutung des Fremdenverkehrs für die Wirtschaft Südafrikas ist zu hoffen, daß Natur- und Artenschützer in dieser Auseinandersetzung obsiegen mögen.

Das Kapland: Südafrikas mediterraner Saum

Im äußersten Südwesten des Landes, im sogenannten Kapland, reicht Südafrika in die Winterregenzone der Subtropen, klimatisch vergleichbar mit den Mittelmeerländern Südeuropas und Nordafrikas. Ausläufer der Westwindzone bringen in den Monaten April bis September kühle, feuchte Luftmassen bis an die Südwestspitze Afrikas. Stürmisches, regenreiches Wetter macht das Kapland in den Wintermonaten unwirtlich, während die heißen, trockenen Sommer, besonders aber die angenehm milden Frühjahrs- und Herbstmonate einen wahren Besucherstrom aus dem Binnenland anlocken.

Saftige Wiesen und Farmen mit großen Plantagen prägen das Bild der fruchtbaren Kapprovinz, wie hier am Middelbergpaß bei Citrusdal (oben) oder beim Great-Berg-River-Delta in der Nähe von Piketberg (unten).

Nächste Doppelseite: Kapstadt vom Atlantik aus gesehen. Links von der Bildmitte die Innenstadt und die Hafenanlagen, rechts der kleine Tafelbergausläufer mit dem Signal Hill und Lion's Head, im Hintergrund der Tafelberg.

Im Augrabies-Falls-Nationalpark. 1967 wurden etwa 9000 Hektar Land auf beiden Seiten des Oranje zum Nationalpark erklärt, benannt nach dem riesigen Wasserfall, der sich in die steinig-trok-kene Landschaft der nördlichen Kapprovinz eingegraben hat.

Die feuchten Wiesen und Sümpfe der Langebaan-Lagune nördlich von Kapstadt bieten dem Heiligen Ibis ein ideales Brutgebiet. Nahrung, wie Frösche, Insekten oder kleine Reptilien, findet er hier in Hülle und Fülle. Weil in diesem einzigartigen Feuchtbiotop etwa 200 Vogelarten leben, wird das Gelände seit 1985 als West-Coast-Nationalpark geschützt.

Der rasche Wechsel von steilen Gebirgsketten bis zu zweitausend Metern Höhe mit tiefen Tälern und Becken sorgt für eine krasse lokale Aufgliederung: Im Regenschatten der kühl-feuchten, in den hohen Lagen sehr niederschlagsreichen Kapketten liegen warm-trockene Gebiete.

Die steilen Gebirgszüge in der Nähe des Meeres fungieren als wahre Regenfänger für das Kapland. Für den großstädtisch verdichteten Raum von Kapstadt mit seinen etwa zwei Millionen Einwohnern, für die zahlreichen mittelgroßen Städte der Region und die intensive Farmwirtschaft ist der Abfluß aus den Bergen lebenswichtig. Auf der Grundlage von künstlicher Bewässerung wurde das Kapland zum Obstgarten Südafrikas und zu einem der bedeutendsten Weinbaugebiete der Südhalbkugel. Obst, Trauben und Qualitätsweine vom Kap erfreuen sich auch in West- und Mitteleuropa großer Beliebtheit.

Paradies der Botanik

Nicht nur das Klima, auch die Pflanzenwelt prägt den besonderen Charakter des Kaplandes innerhalb der Naturlandschaften Südafrikas. Eine etwa mannshohe Buschvegetation aus Proteen und Heidegewächsen bedeckt weite Teile des Gebiets. Sie gleicht in ihrer Erscheinungsform der Macchia der Mittelmeerländer. Der Fynbos ist aber bedeutend artenreicher. Die herrliche Bergwelt im Jonkershoek Valley bei Stellenbosch vermittelt einen guten Überblick über die natürliche Fynbos-Vegetation und ihre Bedeutung für die Erhaltung der Tierwelt, des Bodens und des Wasserhaushalts im Kapland: Schattige Südhänge sind von Silberbäumen in lichtem Waldbestand überzogen. Die Blätter dieser nur im Kapland vorkommenden Bäume schützen sich durch eine silbern schimmernde Schicht feiner Härchen vor dem Austrocknen durch die heiße Sonne der Subtropen. Kiefernwälder bedecken die Bergflanken, zum Teil natürlich gewachsen, zum Teil aufgeforstet. Das Knacken des Holzes in der Hitze und Trockenheit des Sommers, der Duft der Sträucher und Büsche des Fynbos und das Licht im Wechsel der Tages- und Jahreszeiten erinnern an die Länder des Mittelmeerraums. Hinzu kommt die märchenhafte Kulisse steiler Bergketten und schroffer Felshänge aus hartem Tafelbergsandstein, die sich über sanften Hügeln aus Granit erheben, umspült von der Brandung des Atlantik oder von den Wassern des Indischen Ozeans – mit Recht wird dieses Gebiet als «südafrikanische Riviera» bezeichnet.

Vor allem den Proteengewächsen verdankt die Pflanzenwelt am Kap ihre Einzigartigkeit. Die Königsprotea, Südafrikas Nationalblume, hat hier ihre Heimat, und nirgends im südlichen Afrika ist die Vielfalt der Proteen größer als im Kapland. Im Nationalen Botanischen Garten von Kirstenbosch auf der Ostseite des Tafelbergmassivs sind sie in allen Farben und Größen in quasi-natürlicher Umgebung zu bewundern. Vor allem im Frühjahr entfalten sie ihre reiche Blütenpracht.

Seit der Gründung Kapstadts als erster europäischer Siedlung des südlichen Afrika im Jahre 1652 zog es immer mehr Siedler in das angenehme Klima am Kap. Städte entstanden und dehnten sich aus, große Teile der Landschaft wurden in landwirtschaftliche Nutzflächen umgewandelt und die Wälder für Brennholz, Haus- und Schiffbau gerodet. Eine Folge dessen war die fast vollständige Ausrottung der einheimischen Tierwelt. Auch die Pflanzenwelt ist in Gefahr, da nur noch wenige Rückzugsgebiete übrigblieben. Feuer in der sommerlichen Trockenzeit tragen, wie im vergleichbaren Mittelkalifornien oder an der französischen Riviera, das ihre dazu bei, daß jährlich Hunderte von Hektar an Wäldern und Fynbos verlorengehen. Wachsende Städte, Freizeit- und Erholungsanlagen, expandierende Verkehrswege und Industrie, auf die eine aufstrebende Region wie das westliche Kapland nicht verzichten will, führen zu weiterem Raubbau an der Natur. Seit den siebziger Jahren gewinnt die «Grüne Bewegung» im Kapland stetig an Bedeutung, die sich vor allem um den Schutz der natürlichen Ressourcen des Landes, der Flüsse und des Meeres bemüht. Forschung, Bewußtseinsbildung und Umwelterziehung sind Bausteine, die helfen sollen, die Landschaft am Kap ökologisch vertretbar zu nutzen.

Angesichts der rapiden Bevölkerungszunahme, die nach anhaltendem Wachstum in Industrie, Dienstleistung und Fremdenverkehr verlangt, angesichts des Ausbaus der Verkehrsanlagen sowie der politischen Diskussion um «Naturschutz versus Armutsbekämpfung» hat die «Grüne Bewegung» keinen leichten Stand, wird aber für die Zukunft der Natur, der Bewohner und der Wirtschaft der Region mitentscheidend sein.

Obwohl in der Kleinen Karoo übers Jahr recht wenig Niederschläge fallen, ist das Gebiet für die Straußen- und Schafzucht zu nutzen ...

Rotbraune Einöde: die Karoo

Baumlose Weiten, graslose Fluren mit weit auseinander stehenden Halbsträuchern, sandige oder steinige Ebenen, über denen in der Ferne Tafelberge aufragen, Windräder als Zeichen menschlichen Wirtschaftens – das ist das Bild der Karoo. Mit verschwindend geringen Niederschlägen von weniger als 250 Millimetern im Jahr, von denen nicht gewiß ist, ob sie überhaupt fallen, deshalb beständig von Dürren bedroht und außerdem von Schafen und Ziegen kahl gefressen und zertrampelt, bedeckt diese Halbwüste große Gebiete im Südwesten Südafrikas. Auf dem Flug von Johannesburg nach Kapstadt wirkt die Monotonie des Binnenhochlandes einschläfernd, und wenn die Maschine den Oranje mit seinem grünen Band von bewässerten Feldern und Gärten überflogen hat, schaut fast niemand mehr auf die rotbraunen oder sandig-weißen, von grauen Kalkpfannen durchsetzten Flächen in 1000 bis 1500 Metern Höhe. Farmen sind in dieser rotbraunen Einöde sehr selten; sie liegen bei Größen von über 20 000 Hektar kilometerweit auseinander, und nur die Viehtränken mit ihren Windrädern bezeugen, daß in dieser unwirtlichen Gegend Menschen leben.

... verantwortlich dafür sind die ständig wasserführenden Flüsse. Deshalb gedeihen hier sogar Luzerne, die «Leibspeise» der Strauße (siehe auch Seite 73 und 146).

Die Obere Karoo umfaßt den äußersten Süden und Westen des Binnenhochlandes, den man auf dem Flug nach Kapstadt überquert. Die Große Karoo liegt zwischen dem Rand des Binnenhochlandes und den Kapketten. Sie ist eine «Trockenschüssel», eine Halbwüste, aus der allmählich die Menschen abziehen, weil die Bewirtschaftung des Bodens kaum etwas hergibt. Verlassene Gebäude spiegeln den Verfall der Kleinstädte wider, Niedrigstlöhne und Arbeitslosigkeit verstärken die Landflucht. Selbst mittelgroße Städte wie Graaff-Reinet am Rand der Oberen Karoo verlieren an Bedeutung. Von einer Flußschlinge des Sundays River umschlossen, zog die blühende Oase in der staubigen Halbwüste Handel und Gewerbe an. Heute ist das «Juwel der Karoo» hauptsächlich noch wegen seiner guterhaltenen Gebäude im kapholländischen Stil attraktiv.

Nach Jahren der Auseinandersctzung mit den Schaffarmern, die wildlebende Tiere nur als eine Bedrohung für ihre Herden sahen, und für die geschützte Landstriche und Pflanzen nichts als den Verlust an Weideflächen bedeuteten, konnte die Behörde für Naturkonservierung im Jahre 1979 endlich den ersten Nationalpark in der Karoo einrichten. Er umfaßt einen charakteristischen Ausschnitt aus den Gesteinsformationen sowie aus der Pflanzen- und Tierwelt, die sich in unterschiedlicher Weise an die klimatischen Bedingungen der Halbwüste angepaßt haben.

Zentrum der Straußenzucht

Die Kleine Karoo ist eine eigene Welt innerhalb der Kapketten. Es fasziniert immer wieder, von der grünen, kühlen Küste der Gartenroute oder dem Tsitsikamma-Küsten-

Nationalpark aus ihren ersten Bergzug zu überqueren – und in die Hitze und Trockenheit der Halbwüste hinabzufahren. Fast kahle Flächen mit spärlichem Strauch- und Buschbewuchs, im Frühjahr grünlich schimmernde Weizenfelder am Fuß der Berge, in Nähe der Flüsse und Brunnen sattgrüne Weiden und Obstbaumreihen – das ist die Kulturlandschaft der Kleinen Karoo. In ihrer Mitte liegt Oudtshoorn. Mit 40 000 Einwohnern ist die größte und wichtigste Stadt der Kleinen Karoo heute einer der bedeutendsten Fremdenverkehrsorte der Kapregion. In Oudtshoorn findet man herrliche Gebäude der Viktorianischen Zeit (1840 bis 1890), als der erste Boom der Straußenzucht der Karoo Reichtum brachte. Heute sind es weniger die kleidsamen Federn dieses Laufvogels als vielmehr sein Leder – oder auch ein Straußensteak aus der Hüfte –, was die Besucher anlockt. Auf einer der öffentlich zugänglichen Farmen kann man sich in Haltung, Pflege und Nutzung dieses Halbwüstenvogels einführen lassen – und einen Ritt auf den Straußen wagen.

Die Kalahari: Sandschüssel Südafrikas

Die Kalahari gehört zu den eigenartigsten Wüsten der Erde: Die englischsprachigen Atlanten und Karten bezeichnen sie als «desert», als Wüste, doch fährt man im äußersten Norden von Nordkap oder im sich anschließenden Botswana durch die Kalahari oder überfliegt man sie in geringer Höhe, so fragt man sich angesichts des lichten Waldbestandes, was die Kalahari denn zur «Wüste» macht. Die Niederschläge sind mit 250 bis 500 Millimetern im Jahr zwar ausreichend für die Pflanzen der Steppen und Dornsavannen, aber das Wasser versickert in den Sand- und Schotterböden. Während der Eiszeit, vor mehr als zehn Millionen Jahren, wurden die Sedimente von den Rändern in das Hochbecken eingespült, wo sie eine Schicht von über hundert Meter Dicke bilden: Mangelndes Oberflächenwasser macht die Kalahari zur menschenleeren Wüste. Für die Tiere war das ein Vorteil, denn sie fanden hier ein ideales Rückzugsgebiet. Deshalb gehört die Kalahari heute zu den wildreichsten Naturräumen des südlichen Afrika.

Auch die Buschmänner, heute nach ihrer Sprache als *San* bezeichnet, paßten sich in ihren Lebensgewohnheiten der Kalahari an. In den fruchtbareren Gebieten des südlichen Afrika war ihnen die natürliche Lebensgrundlage entzogen worden, als Ackerbauern und Farmer das Land in Besitz nahmen. Als Jäger und Sammler leben sie noch weitgehend im Einklang mit der Natur.

Zum Wild haben die pygmäenhaft kleinen Menschen eine enge Beziehung, da ihnen die Tiere auf der einen Seite als Nahrung dienen, auf der anderen Seite im Kult verehrt werden. Im Zeitalter der Konsumgesellschaft ist aber auch die Kultur der San-Buschmänner, die zu einem Teil noch unter steinzeitlichen Bedingungen leben, vom Aussterben bedroht.

Den besten Eindruck von der Kalahari erhält man in Südafrika im Kalahari-Gemsbok-Nationalpark. Von den großen «Touristenströmen» unberührt, wird er von Kennern als einer der schönsten, da urtümlichsten Nationalparks des Landes bezeichnet. Mit fast einer Million Hektar ist der Park, der sich in Botswana als Gemsbok-Nationalpark fortsetzt, so groß, daß auch in der besten Besuchszeit zwischen März und Oktober die Stille und Abgeschiedenheit der Kalahari erhalten bleibt. Hier läßt sich die reiche Pflanzen- und Tierwelt der Steppen und Dornsavannen ausgezeichnet beobachten: Der herrlich gezeichnete Spießbock – Gemsbok, wie er auf afrikanisch heißt – das Wappentier des Nationalparks, große Herden von Springböcken, Elenantilopen und Gnus. Löwen, Geparde, Leoparden und Hyänen lauern ihnen auf.

Über zweihundert Arten von Vögeln, darunter der Siedelweber mit seinen riesigen Nestern und das Namaqua-Flughuhn, dessen nasales Ki-Ki-Keen ihm in afrikaans den Namen Kelkiewyn einbrachte, zählt der Park. Nach den seltenen Regenfällen heben sich die mit spärlichem Gras bewachsenen roten Dünen vom satten Grün der Akazien und den wassergefüllten weißen Kalkpfannen ab, um die herum sich Wild und Vögel tummeln – unvergeßliche Augenblicke in der Kalahari.

Hügellandschaften und Tiefebenen:
Von den heißen Tropen zur kühlen Wüste

Ausgedehnte Ebenen wie das Lowveld von Mpumalanga oder weite hügelige Landstriche wie in Zululand und Natal, sind dem Binnenhochland und den Randstufengebirgen vorgelagert. Bei einer mittleren Höhe von fünfhundert bis neunhundert Meter werden sie durch die klimatischen Gegensätze zwischen der feuchten Ost- und der trockenen Westseite des südafrikanischen Subkontinents bestimmt.

Im flachen Tiefland von Mpumalanga herrscht das trocken-heiße Klima der Randtropen, die sich von Zimbabwe und Moçambique aus bis in den Nordosten Südafrikas erstrecken. Im Krüger-Nationalpark kann man das gesamte Spektrum tropischer und subtropischer Flora und Fauna in einem vom Norden nach Süden verlaufenden Profil beobachten: Lichte Mopanewälder greifen von Zimbabwe aus in das Flachland über. Der mächtige Affenbrotbaum, auch als Baobab bezeichnet, ist der eindrucksvollste Vertreter der Trockensavannen. Im warmen Tiefland von Transvaal liegt die Südgrenze seiner Verbreitung in Afrika, da die Winter jenseits dieser Region für ihn zu kühl sind.

Die Sommerregen fallen unzuverlässig, so daß Trockenheit und längere Dürrezeiten auftreten. Das Wild hat sich mit den Gegebenheiten arrangiert, indem es wandert. Doch Eingriffe des Menschen begrenzen die für das Überleben notwendige Wanderschaft der Tiere: Mächtige Zaunanlagen trennen den Krüger-Nationalpark von Moçambique. Damit will man verhindern, daß Tierseuchen nach Südafrika eingeschleppt werden. Aus dem gleichen Grund haben die Farmer auf einer Umzäunung des Parks bestanden.

Am Fuß des wohl eindrucksvollsten Teils der Drakensberge, einer 35 Kilometer langen Basaltmauer, liegt die von Felsen durchsetzte Graslandschaft des Giant's Castle Game Reserve.

Dichte Wälder, wie hier im Royal-Natal-Nationalpark, prägen das Bild an den nebelreichen Drakensbergen.

Die bizarren Stru-
dellöcher der tief in
die Felswände einge-
schnittenen Fluß-
läufe haben dem
Zusammenfluß von
Treur und Blyde
River in Mpuma-
langa den Namen
Bourke's Luck
Potholes (deutsch
Strudellöcher)
gegeben.

Seit den siebziger Jahren haben sich zahlreiche Farmer jedoch selbst der Wildfarmerei zugewandt, haben private Wildschutzgebiete eröffnet. Dadurch zählt das Tiefland von Mpumalanga heute zu den Gebieten Südafrikas mit dem größten Wildtierbestand.

Der Coffee Bay vorgelagert ist diese Klippe, in die das Meer ein Felsentor «hineingearbeitet» hat ...

Eindrucksvollster Vertreter ist der Elefant, der die Ebene in großen Herden bevölkert. Das geschieht vor allem in den Trockenmonaten April bis Oktober, während sich die Tiere, wenn es viel regnet, in kleinere Gruppen aufteilen. Wird das Futter in den langen Trockenmonaten knapp, «fressen» manche Elefanten wahre Schneisen in die lichten Wälder, indem sie Baum für Baum umlegen, an dem sich noch ein Blättchen zeigt. Auch die anderen Tiere der Trockensavannen treten in großen Herden auf: anmutige Springböcke, deren Fell eine wunderschöne Zeichnung hat, vollführen die waghalsigsten Sprünge, Kudus und Wasserböcke lassen sich an Wasserstellen oder beim Weiden beobachten; Herden von Zebras, die oft gemeinsam mit Gnus auftreten, gehören zum Reichtum der Savanne; «hochnäsige» Giraffen äsen an Akazienblättern, ein massiges Nashorn wühlt sich, Kühle suchend, im Schlamm; buntschillernde Vögel sind mit ihrem vielstimmigen Gezwitscher im Röhricht an den Flußläufen oder im Busch zu hören. Es ist eine Welt, wie man sie verloren glaubt – Aufgabe und Erfolg einer Nationalparkpolitik, die die Lebensräume von Pflanzen und Tieren für künftige Generationen zu sichern sucht.

Das Land der Zulu

Ähnliche Szenen und Naturerlebnisse bieten sich in den Wildschutzgebieten von Kwazulu/Natal im östlichen Tiefland. Hier spürt man noch die Nähe des Indischen

Ozeans: Die feuchten Luftmassen über dem warmen Moçambique-Strom schaffen ein tropisches Klima und lassen in unmittelbarer Küstennähe noch eine immergrüne Vegetation sprießen. Landeinwärts erstreckt sich eine Trocken- und Dornsavanne mit lichten Wäldern und Strauchwerk. Weil es im Tiefland und den sich anschließenden Hügeln zu Füßen der Natalischen Drakensberge regelmäßig ausreichend regnet, ließen sich die Zulu hier nieder. Archäologische Funde lassen darauf schließen, daß etwa seit der Zeitenwende seßhafte Ackerbauern, die zusätzlich Vieh hielten, diese Gegenden besiedelten. Ihre Kultur, die Töpferei und Metallwerkzeuge kannte, löste die der Jäger und Sammler ab, die noch auf einer spätsteinzeitlichen Stufe lebten. In der Kolonialzeit legten englische Siedler in Natal zahlreiche Zuckerrohr-Plantagen an, auf denen afrikanische und aus den indischen Kolonien angeworbene Arbeiter für die weißen Farmer die Felder bestellten. Obwohl sie nach Ablauf ihrer Arbeitsverträge wieder in die Heimat zurückkehren konnten, blieben viele Inder in Südafrika, vor allem in Kwazulu/Natal, wo heute noch achtzig Prozent der indischen Einwohner des Landes leben.

So zeigen die Ebenen und welligen Landstriche von Natal und Zululand heute ein buntes Mosaik von Resten tropischer Naturlandschaften in den Naturreservaten, dicht bevölkerten afrikanischen Kleinbauerngebieten, wogenden Zuckerrohr-Feldern, die mit wenigen Farmen durchsetzt sind, Zuckerfabriken und Kleinstädte. Die geschützten Wild- und Naturschutzgebiete stehen unter dem Druck von «Mensch und Politik», da Landmangel und Armut der großen Masse der Kleinbauern in krassem Gegensatz stehen zu den teilweise luxuriös ausgestatteten Reservaten, die von Kritikern als Zeichen einer bourgeoisen Klassengesellschaft angeprangert werden.

Noch kann der Naturliebhaber jedenfalls in den Schutzgebieten von Kwazulu/Natal die Tierwelt der Savannen erleben, wobei der Kontakt oft enger und das Erlebnis der Natur oft tiefer ist als im «überfüllten», international bekannten Krüger-Nationalpark.

Im Hinterland der «Wilden Küste»

Die sanftwellige Hügellandschaft im Vorland der Drakensberge setzt sich in der Transkei, der Ciskei und der Provinz Ostkap bis etwa auf die Höhe von Port Elizabeth fort. Im Sommer regnet es in den «rolling hills», die zu den alten Siedlungsgebieten der Xhosa in Südafrika gehören, sehr viel. Eine Steilküste, an die die Brandung peitscht, trennt die Weide- und Ackerflächen vom Meer. Im Hinterland steigt die Mauer der Drakensberge bis etwa 3000 Meter ins Hochland von Lesotho auf. Durch dichte Besiedlung, Überweidung, Holzeinschlag für Bau- und Brennholz sowie die alljährlichen Steppenfeuer ist die Pflanzenwelt stark verändert. Bäume und Sträucher konnten unter diesen Bedingungen nicht überleben, so daß karge Grasfluren überwiegen. Weil schonungslos gejagt wurde, hat man zudem das Wild nahezu ausgerottet, deshalb sind diese beiden Regionen Südafrikas mit Ausnahme der «Wilden Küste» für den Naturliebhaber kaum noch attraktiv; der Völkerkundler, Soziologe und Entwicklungsplaner findet dagegen ein wichtiges Aufgabenfeld.

Man kann sich kaum einen stärkeren Kontrast vorstellen als den zwischen der feuchten Ostseite vor der Großen Randstufe und der trockenen Westseite Südafrikas; hier findet man grüne Hügel, Weiden oder ausgedehnte Zuckerrohr-Felder, dort die weißen und grauen Töne des Sandes und der Kalkflächen mit windzerzauster Heide- und Strauchvegetation oder die grauschwarzen Felshänge des Hardeveld. Nördlich von Kapstadt weitet sich vor den Kapketten eine nach Norden zu breiter werdende Tiefland- und Hügelzone aus. Unter dem Einfluß des kalten Benguela-Stromes ist es entlang der

Küste ziemlich kühl, und häufig neblig und stürmisch. Die wüstenhafte Stufe des Hoch-landes zeichnet sich dagegen durch sehr karge, durch die Hitze ausgedorrte Böden aus. Gegebenheiten, die das flache Land auf der Westseite Südafrikas zu einem fast menschen-leeren Landstrich machen. Nur die kleinen, geduckten Fischerhäuser, die an die Bretagne erinnern, bieten in windgeschützten Lagen Obdach. Für Jahrhunderte ein Rückzugsge-biet der jagenden und sammelnden San und KhoiKhoi-Halbnomaden, haben sich einige Missionssiedlungen und Kleinstädte zu Zentren der Mischlingsbevölkerung entwickelt. Intensiver Obstbau auf Bewässerungsbasis macht die Täler, die sich von den Kapketten her öffnen, zu blühenden Oasen.

Die Wüste am Wasser

Etwa in der Breite von Port Nolloth beginnt an der Westküste Südafrikas die Namibwüste, die sich quer durch Namibia bis Angola erstreckt. Sie gehört zu den extremsten Wüsten der Erde: Beeinflußt durch die absteigenden Luftmassen um den südlichen Wendekreis, liegt sie zugleich im Regenschatten des Hochlandes; die Niederschläge von See her werden durch den kalten Benguela-Strom blockiert. Deshalb fällt in der Namib fast kein Regen. Als Küstenwüste ist sie vergleichbar mit der Atacamawüste in Peru, und wie dort haben Fischerei und Bergbau «Wirtschaftsinseln» in der Wüste entstehen lassen. Im Diamantenbergbau bei Port Nolloth werden die Ablagerungen des Oranje gewonnen, der, aus dem diamantenreichen Binnenhochland kommend, seit Millionen Jahren seine «hochkarätigen» Sande und Schotter in den Atlantik schüttet. Landeinwärts geht die Wüste in eine hügelige, halbwüstenartige Landschaft über. Abgesehen von den lokalen Eingriffen des Bergbaus hat dieses Gebiet seinen ursprünglichen Charakter erhalten. Zwar ließen die Khoi bis ins 19. Jahrhundert hier ihre Schafherden weiden, doch das beeinflußte die Heide- und Buschvegetation kaum. Die abgelegene Tiefebene im Westen der Provinz Nordkap gehört deshalb zu den nahezu unberührten kühlen Steppen und Halbwüsten der Südhemisphäre. Wenn aber im Frühjahr, das ist von Mitte Juli bis September, die Halbwüste blüht, zieht es Tausende von Besuchern in das Namaqualand: Nach den ersten Regenfällen bedeckt die gelbe Pracht der Namaqua Daisies die graugrünen Flächen mit einem Blumenteppich: Die Halbwüste «lebt».

Die Drakensberge: der grüne Gebirgssaum des Hochlandes

Das Binnenhochland von Südafrika bricht mit einer über tausend Meter hohen Gebirgsstufe gegen das hügelige Vorland und die Küstenregion ab. Diese «Große Randstufe» Südafrikas umgibt das Land von der Nordprovinz bis in die Provinz Nordkap. Nördlich des Oranje-Flusses setzt sie sich in Namibia und Angola fort. Im über 3000 Kilometer langen Verlauf verändert diese gewaltige Gebirgsschwelle ihr Gesicht: Die westlichen Teile sind vegetationslose Felsmassive; sie begrenzen die Namibwüste im Osten. Der Süden besteht aus mächtigen Gebirgsflanken, die die inneren Kapketten überragen. Auf der feuchten Ostseite Südafrikas bildet die Große Randstufe ein grünes Band von Bergwäldern, Forsten und Gebirgsmatten, den «grünen Saum des Hochlandes», eine der beliebtesten Fremdenverkehrsregionen des Landes.

Von Osttransvaal bis in die Transkei trägt die Gebirgsmauer den Namen Drakensberge, da nach der Sage Drachen in den Höhlen der Felsmassive hausen. In Sotho wird der höchste Teil der Drakensberge in der Grenzregion zwischen Natal und Lesotho als Quathlamba bezeichnet, was soviel bedeutet wie «eine Reihe aufgestellter Speere». Mit ihnen lassen sich die säulenartigen Felsformationen und Zinnen, die aus den Basalten des Hochlandes von Lesotho durch das beständige Einwirken von Wasser und Wind entstanden sind, am ehesten vergleichen. Vom Royal-Natal-Nationalpark bis zum Giant's Castle erheben sich die Felsmauern und Hochflächen bis zu einer Höhe von 3300 Meter über dem 1200 bis 1500 Meter hohen Vorland und bilden eine einmalige Szenerie. Dieser Gebirgsabschnitt wurde von der UNESCO mit Recht auf die Liste der Naturdenkmäler von Weltrang gesetzt.

In den Drakensbergen von Natal kann man die verschiedenen Höhenstufen subtropischer Gebirge durchwandern und dabei die typische Pflanzen- und Tierwelt der Regionen studieren. Von den subtropischen Wäldern und Forsten des Vorlandes (um tausend Meter) führt der Weg durch die Grasfluren der Schichtstufe in etwa 2000 Meter Höhe, die im Frühjahr mit Gebirgsblumen übersät sind. In der afro-alpinen Stufe des Hochlandes von Lesotho überleben in etwa 3000 Metern Höhe nur noch Heidepflanzen. Aus dem milden subtropischen Klima des Vorlandes gelangt man über die regenreiche Steilstufe, in der zahlreiche Flüsse wie der Tugela ihren Ursprung haben, bis in die sturm- und gewitterreichen Hochgebirgslagen. Das Wild wandert je nach Jahreszeit vom winterkalten Hochland ins sommerfeuchte und warme Tiefland, und bis heute ziehen die Antilopenherden dabei auf uralten Pfaden.

Sotho-Bauern und weiße Farmer dehnten seit dem 19. Jahrhundert ihre Wirtschaftsflächen zum Gebirge hin aus. In den sechziger Jahren wurde die Bedrohung von Flora, Fauna und Böden immer deutlicher, deshalb entwickelte die Provinzverwaltung von Natal einen Schutzplan für die natalischen Drakensberge. Auf dessen Basis erfolgt heute eine weitgehend an die ökologischen Verhältnisse angepaßte Nutzung des Gebirges. Auch der Fremdenverkehr ist in den Plan einbezogen: Die Fußregion ist dem Massentourismus vorbehalten. Hier gibt es auch Ferienhaussiedlungen und Campingplätze; die Hügelzone wird vor allem von Wanderern aufgesucht; die ökologisch labile Hochgebirgsstufe ist weitgehend gesperrt, da sie als Wasserschutzgebiet und Forschungsareal von nationaler und internationaler Bedeutung besonderer Obhut bedarf.

Der Royal-Natal-Nationalpark sowie die Game Reserves am Central und Eastern Berg bieten faszinierende Möglichkeiten, diese herrliche Gebirgsregion zu besuchen, die auch als Ort der Entspannung und der geistigen Sammlung aufgesucht wird.

Fortsetzung Seite 45

KAPSTADT
KAP DER GUTEN HOFFNUNG

Am Fuße der drei zusammenhängenden Berge, des Tafel-, Teufel- und
Löwenberges, dem Scheine nach an der gebogensten Stelle, einem
der sichersten Plätzchen der Welt, gleichsam im Schutze dieser
drei mächtigen Riesen ... breitet sich die Metropole Süd-Afrika's, die
bevölkertste Stadt südlich des Zambesi ... aus ...
Unwillkürlich bemächtigt sich des Fremdlings ein behagliches Gefühl
der Sicherheit, wenn er, langsam dem Strande der Tafelbai folgend,
sich der Capstadt nähert.

Emil Holub

Blick vom Hotel «Cape Sun» über Kapstadts Zentrum auf den Tafelberg: Aus mächtigen Schichten von Sandstein und Schiefer aufgebaut, dominiert er das Stadtbild. Den Seeleuten vergangener Epochen kündigte der Tafelberg an klaren Tagen schon aus weiter Ferne den Schutz des Hafens an.

Nächste Doppelseite: Welch grandiose Kulisse sich zu Füßen des majestätischen Tafelbergs ausbreitet, zeigt ein Blick von dort in nördlicher Richtung über das Lichtermeer von Kapstadt.

Im älteren Teil des Hafens von Kapstadt (Victoria und Alfred Basin) liegen heute vor allem die Schiffe der Fischereiflotte. Der Passagier- und Frachtverkehr wird über die etwas weiter südöstlich gelegenen Duncan Docks abgewickelt. Im Hintergrund Devil's Peak (links) und Tafelberg (Mitte bis rechts).

Was im konservativen Pretoria bis in die jüngste Vergangenheit undenkbar war, gehört in Kapstadt von jeher zum Straßenbild: Neben Menschen jeglicher Herkunft gibt es in dieser Stadt auch Raum für Subkultur. Auffallend gestaltete Tätowierstuben sind dafür nur ein Beispiel.

Typisch für die Innenstadt: In den rechtwinklig angelegten Straßenzügen Kapstadts stehen sich Altbauten und hochmoderne Architektur keinesfalls unversöhnlich gegenüber.

Der Leuchtturm von Green Point. Hatten die Seefahrer aus Indien kommend mit ihrer wertvollen Fracht das gefahrenreiche Kap der Guten Hoffnung im Süden von Kapstadt erfolgreich umschifft, versprach ihnen Green Point kurz vor der Tafelbucht baldige Belohnung für die großen Entbehrungen auf See.

Endpunkt der elektrischen Schnellbahn von Kapstadt auf die Kaphalbinsel ist Simonstown in der False Bay. 1741 wurde der Ort von der Niederländisch-Ostindischen Kompanie als Winterhafen ausgewählt. Noch heute erinnern viele historische Gebäude an die zweihundertjährige Geschichte von Simonstown.

Die farbenfrohen Umkleidekabinen am St. James Beach in der False Bay schützen Kleidung und Bade-Utensilien vor den manchmal recht hohen Wellen des Indischen Ozeans und bewahren die Badegäste, wenn sie sich hier auf den Sprung ins feuchte Element vorbereiten, vor unliebsamen Blicken.

Nächste Doppelseite: Auf Kapstadts Grand Parade, einst ein Paradeplatz, haben heute Obst- und Blumenhändler ihre Stände aufgeschlagen. Das 1905 fertiggestellte Rathaus (Bildhintergrund links) begrenzt den Platz an der Längsseite.

Der am Atlantik, an der westlichen Seite des Kaps der Guten Hoffnung, gelegene Ort Hout Bay lebt hauptsächlich vom Fischfang.

Zu Füßen des Höhenzuges der Zwölf Apostel liegt einer der Vororte Kapstadts: Camps Bay am Atlantischen Ozean. Vom Lion's Head (im Hintergrund) genießt man ein herrliches Panorama.

Die Kapregion ist ein ausgezeichnetes Weinland. Vom Süden Kapstadts zieht sich das Anbaugebiet über sechzig Kilometer ostwärts bis nach Paarl. Eingebettet in die hügelige Landschaft liegen zahlreiche Weingüter, erbaut im kapholländischen Barockstil der burischen Siedler, wie hier das Mountain-Shadows-Weingut.

Nächste Doppelseite: Ein eindrucksvoller Blick bietet sich an der Clifton Bay am Nordrand Kapstadts. Zum Baden fahren die Kapstädter jedoch lieber zur False Bay, die sich südlich der Stadt an der Ostseite der Kaphalbinsel erstreckt. Dort sorgt der Agulhas-Strom für eine Wassertemperatur von etwa zwanzig Grad, während das Wasser an der Westküste kalt ist.

An der Westflanke
des Signal Hill liegt
Sea Point, ein sehr
dicht besiedelter
Wohnvorort Kap-
stadts. Die Atlan-
tikküste ist hier sehr
felsig, und wegen
der starken Bran-
dung gibt es nur
wenige Bade-
strände.

Vorangegangene
Doppelseite: Die
ursprünglich dichten
Wälder rund um
Hout Bay fielen
schon vor vielen
Jahrzehnten dem
Schiffbau zum
Opfer. Einzig der
Name des bedeuten-
den Hafenorts –
Holz-Bucht – erin-
nert noch an frühere
Zeiten.

Schluchten, Felsburgen und Wasserfälle

Die Drakensberge von Mpumalanga gehören ebenfalls zu den landschaftlichen Höhepunkten Südafrikas: Der etwa zweitausend Meter erreichende Ostrand des Binnenhochlandes bricht in einer gewaltigen Gebirgsstufe von ungefähr tausend Meter gegen das Lowveld des früheren Osttransvaal ab. Harte Quarzite markieren auf weite Strecken eine steile Stufe, die die transvaalischen Drakensberge kennzeichnet. Vom Rand dieser Stufe aus, etwa vom «God's Window» bei Sabie, reicht der Blick weit über die wellige Landschaft am Fuß des Gebirges und die Ebenen des Vorlandes. Wasserfälle wie die Mac Mac Falls oder die Bridal Falls zwischen White River und Sabie stürzen vom Hochland hinab in die Tiefe, was diesem Teil der Drakensberge einen zusätzlichen Reiz verleiht.

Die den feuchten Ostwinden ausgesetzte steile Gebirgsmauer ist ein Regenfänger erster Ordnung und daher Quellgebiet zahlreicher Flüsse. Ihre muldenförmigen Hochtäler mit flachen Mooren heben sich von den immergrünen Bergregenwälder an den Hängen des Gebirges ab. In der Höhe zwischen 1200 und 1800 Meter sind sie häufig dicht mit Bartflechten bewachsen, die hier vorzüglich gedeihen, weil die Wolken über der Randstufe fast das ganze Jahr über viel Feuchtigkeit spenden. Flüsse wie der Olifants oder der Blyde River queren die Drakensberge in tiefen, schluchtartigen Tälern, über denen die Mauern, Zinnen und kastellartigen Felsburgen aus harten Quarzitgesteinen aufragen. Der Canyon des Blyde River ist durch einen Wanderweg erschlossen, der aus der Höhenstufe der feuchten, kühlen Hochweiden in die lichten Wälder des heißen, trockenen Lowveld führt.

Seit den dreißiger Jahren macht sich der Mensch die Gebirgszone der Drakensberge zunutze, indem er Forsten von schnellwüchsigen Kiefern (meist Pinus patula) und Eukalypten (vor allem Eucalyptus saligna) anlegte. Sie versorgen die Bergbau- und Bauunternehmen sowie Möbel- und Verpackungsindustrie mit Holz. Heute erstreckt sich ein durchgängiges Band gepflegter Forsten vom Fuß bis auf die höchsten Rücken der transvaalischen Drakensberge, wodurch eine Landschaft entstand, die an manchen Stellen an den Schwarzwald erinnert. Daß die Forstwirtschaft jedoch das ökologische Gleichgewicht der Bergregenwälder zerstört, weil die schnellwachsenden Baumarten den Wasserhaushalt aufbrauchen und großflächige Monokulturen häufiger von Schädlingsbefall und Buschfeuern bedroht sind, hat die Verantwortlichen seit den siebziger Jahren zum Umdenken bewogen. Seither setzt man verstärkt auf eine ökologisch angepaßte Forstwirtschaft, die neben der Holzproduktion in zunehmendem Maße Aspekt des Natur- und Landschaftsschutzes berücksichtigt. Das Forstmuseum in Sabie gibt über dieses Thema anschaulich Auskunft.

Die überwältigende Schönheit der Landschaft, die frische, kräftigende Bergluft, die vielfältigen Möglichkeiten in den forellenreichen Bergbächen zu angeln oder sich in abgelegenen Gebirgsregionen auszuruhen, machen die Drakensberge von Mpumalanga zu einem beliebten Fremdenverkehrsgebiet. Für Verpflegung und Übernachtung stehen gut ausgestattete Campingplätze und Farmen zur Verfügung. Im Blyde-River-Nationalpark gibt es einige Aussichtspunkte, von denen man einen herrlichen Blick in den Blyde River Canyon hat; auf den Wanderwegen und Klettersteigen in der Region kommen sowohl gemütliche Spaziergänger als auch waghalsige Bergsteiger auf ihre Kosten.

Inmitten der Drakensberge liegt das Städtchen Pilgrim's Rest, einer der ältesten Goldbergbauorte Südafrikas. Zwischen 1873 und 1875, lange vor der Entdeckung des Goldes am Witwatersrand im Jahre 1886, hatten Abenteurer und Prospektoren in den Gebirgstälern bei Pilgrim's Rest und bei Barberton Gold entdeckt. Die Verwaltung der ehemaligen Provinz Transvaal ließ in den siebziger Jahren das im Verfall begriffene Pilgrim's Rest zu einem Museumsdorf umgestalten.

An den Schürfstätten wird die arbeitsintensive Technik der Goldgewinnung, wie sie in der Mitte des 19. Jahrhunderts bewerkstelligt wurde, lebendig. In den kleinen Häusern, Büros und Geschäften sind die alten Zeiten der Goldgräber greifbar, im Saloon herrscht

etwas von der Kneipenatmosphäre jener Tage. Der kleine Friedhof erzählt, wie die Malaria die Siedler dahinraffte, wie Frauen früh im Kindbett verstarben.

In Barberton vermitteln die teilweise restaurierte erste Börse Südafrikas und das älteste Opernhaus des Landes ein Bild von der Welt der Gewinner und Spekulanten des Goldrauschs der Jahre 1884 bis 1888. Eine Region, von der auch einer der berühmtesten Romane Südafrikas handelt: «Jock of the Bushveld» von Percy FitzPatrick schildert auf eindrucksvolle Weise das Leben der Pioniersiedler, der Händler, Goldsucher und Abenteurer im Osttransvaal des 19. Jahrhunderts.

Das Hochveld – wirtschaftliches Herz des Landes

Der Nordosten des Binnenhochlandes, das Hochveld, ist heute die wirtschaftliche Kernregion des Landes. Beim Anflug auf den internationalen Flughafen Johannesburg sieht man bereits die Hochhäuser der City, die Industrie- und Wohngebiete der «Goldstadt», des Herzens der Provinz Gauteng.

Die weißgelben Abraumhalden, Rückstände der Goldgewinnung, weisen auf die Grundlage des Reichtums hin: Goldbergbau und im Zuge dessen Industrie, Banken und Versicherungen, Handel und Handwerk ließen den Witwatersrand zwischen Springs im Osten und Krügersdorp im Westen zu einem Städteband mit etwa sechs Millionen Einwohnern werden. Auf das spärlich besiedelte, winterkalte Steppenhochland in fast zweitausend Meter Höhe strömten, nachdem dort 1886 Gold gefunden worden war, gewaltige Massen von Kapital und Arbeitskräften. Die bis dahin weitgehend unberührte Naturlandschaft verwandelte sich in eine häßliche Bergbau-, Industrie- und Stadtlandschaft. Große Steinkohlevorkommen und ausreichende Mengen Wasser ließen den Osten des Hochveld zum «Kraftwerk der Nation» werden: Nirgends sonst in Afrika gibt es so viele Steinkohlekraftwerke (fünfzehn Stück) auf so engem Raum. Das Ausmaß der Luftverschmutzung und des sauren Regens ist in dieser Region dementsprechend alarmierend. Erst seit den ausgehenden achtziger Jahren hat man Maßnahmen ergriffen, dieses zu reduzieren.

Der 1913 gegründete Nationale Botanische Garten von Kirstenbosch gilt als einer der schönsten Botanischen Gärten der Welt. Das 528 Hektar große, hügelige Gelände liegt am Osthang des Tafelbergs (Foto von 1928).

Links: Die Königs-protea, Südafrikas «Nationalblume», die sich auch auf dem Wappen der Republik findet (Foto von 1928).

Rechts: Blick auf Muizenberg. Das Seebad an der False Bay wurde bekannt durch Cecil Rhodes, der 1902 hier in seinem Ferienhaus starb (Foto von 1928).

Rechte Seite: Links: Von Bergen umgeben ist die Bucht von Hout Bay am Atlantik (Foto von 1928).

Rechts: Kapholländische Giebelhäuser sind auch heute noch typisch für Stellenbosch (Foto von 1928; siehe auch Seite 62).

Nachdem sich die Buren 1836 aus Protest gegen den wachsenden Einfluß der Engländer aus der Kapregion zurückzogen, und sich im Großen Treck (1836 bis 1838) auf die Suche nach neuen Siedlungsgebieten im Landesinneren machten, ließen sich einige von ihnen im Steppenhochland des Hochveld nieder. Wie vorher schon die afrikanischen Stämme nutzen sie die Böden als Weiden und Ackerbauflächen. Außerdem entstanden Kirchengemeinden und Verwaltungsorte wie die heutige Universitätsstadt Potchefstroom (gegründet 1838) oder Pretoria (gegründet 1855), Regierungssitz von Südafrika und bis 1995 Hauptstadt der ehemaligen Provinz Transvaal. Sie brachten neues Leben und städtische Aktivitäten in das Siedlungsgebiet. Wegen der steigenden Nachfrage nicht nur in den Bergbaugebieten, sondern im gesamten Südafrika wurde die Landwirtschaft in diesem Gebiet so ausgedehnt und intensiviert, daß das Maisviereck auf dem Hochveld zwischen den Städten Mafikeng, Witbank, Bloemfontein und Vryburg heute «die Kornkammer» des Landes darstellt. In guten Regenjahren, wenn die riesigen Maisfelder grün leuchten, gehört Südafrika sogar zu den führenden Maisexporteuren der Erde, in schlechten Jahren, wenn die Pflanzen kümmerlich verdorren, muß es die Ernährung der wachsenden Bevölkerung durch Importe sichern.

Bergbau, Energiegewinnung, Industrie, Verstädterung und intensive Landwirtschaft haben das Hochveld in manchen Regionen völlig verändert, und unter ihrem Einfluß

droht die Zerstörung der Natur. Und das, obwohl die Südafrikaner die Natur lieben, wollen sie doch «Veld» und Tierleben, das heißt natürliche Vegetation, Vogelgezwitscher und möglichst auch Wildtiere in ihrer Umgebung haben. So entstanden vor allem seit den siebziger Jahren Natur- und Wildreservate im Hochveld von Gauteng und im Oranje-Freistaat. Sie bieten die Möglichkeit, die Steppenlandschaft zu erleben, auf einer Wanderung oder bei einer Fahrt im Jeep die Pflanzen- und Tierwelt zu beobachten.

Das gleiche gilt für das Buschveld, eine Hügel- und Berglandschaft im nördlichen Gauteng. Dornakazien und Stammaloen deuten darauf hin, daß man in die wärmeren und trockeneren randtropischen Gebiete von Südafrika kommt. Sie sind etwa seit der Zeitenwende von bantusprachigen Bauernvölkern besiedelt, die die Naturlandschaft wenig veränderten. So haben sich abseits der Städte im Buschveld fast unberührte Gebiete erhalten, die die erholungsuchenden Bewohner aus dem Ballungsraum Pretoria-Witwatersrand-Vaal-Dreieck insbesondere am Wochenende anziehen.

Lagunen, Klippen, Kaps

Der 2954 Kilometer langen Küste der Republik Südafrika von der Mündung des Oranje bis zur Grenze Moçambiques bei Ponta do Ouro kommt sowohl naturräumlich als auch historisch eine besondere Bedeutung zu. Die extremen Trockenräume der Namib und der Kalahari sowie das unwegsame, wilde Hochland im Osten schnitten den Subkontinent lange vom äquatorialen Teil Afrikas ab – mit ein Grund für die eigentümliche, reichhaltige Flora und Fauna der Kapregion und die relativ späte Besiedlung durch Bantus. Auf drei Seiten ist das Land vom Meer umgeben; die Küstenbereiche des ansonsten geographisch isolierten Südafrika nehmen also eine wichtige, heute vor allem strategische Funktion wahr. Nicht ohne Grund erfolgte die europäische Besiedlung vom Meer aus. Im weiteren Verlauf wurden die Küsten bedeutende Zwischenstation zwischen Indischem und Atlantischem Ozean.

Schon die Phönizier, die nachweislich bereits um 600 v. Chr. die Südspitze Afrikas von Osten nach Westen umsegelten, erzählten von der Schönheit, aber auch von der Fruchtbarkeit der Küstenstreifen. Ihren Nachkommen berichteten sie von reichen Ernten, die sie bei den Zwischenaufenthalten der mehrjährigen Reise eingebracht hatten. An der trockenen, sandigen und kühlen Westküste sind sie hingegen wohl nicht lange geblieben.

Die Küsten als Handelsraum

Heute befahren die Route um das Kap der Guten Hoffnung jährlich über 15 000 Schiffe, die dabei unter anderem den größten Teil des westlichen Erdölbedarfs verfrachten.

Durch die jahrzehntelange politische und wirtschaftliche Isolierung Südafrikas vom Rest des Kontinents entstanden an den Küsten trotz gewisser Widrigkeiten bedeutende Güterumschlagplätze für alle Im- und Exportwaren. Mangelnde innerafrikanische Kooperation und Bürgerkriege in Angola und Moçambique sorgten dafür, daß diese Entwicklung noch verstärkt wurde. So unterhielten selbst Staaten wie Sambia, Zimbabwe, Malawi und Botswana in der Zeit ihres politischen Widerstands gegen die Republik am Kap wichtige Handelswege zu den großen Ein- und Ausfuhrhäfen in Südafrika: Durban, Port Elizabeth und in neuerer Zeit Richards Bay. Und auch ein großer Teil der Metallerze aus dem Kupfergürtel Sambias und Katangas in Zaire findet seinen Weg in die Abnehmerländer über südafrikanische Küstenorte.

Diese Handelsfunktion wurde den dafür eigentlich denkbar ungeeigneten Gestaden quasi aufgezwungen, denn mit der Saldanha Bay, etwa hundert Kilometer nördlich von Kapstadt gelegen, existiert nur ein einziger natürlicher Hafen, der zudem über kein eigenes Trinkwasser verfügt. Es finden sich zwar einige weitere Buchten, die aber zumeist so langgestreckt sind, daß sie den Mindestanforderungen bezüglich Schutz und Seesicherheit nicht genügen. Entweder behindern tückische Felsriffe die Zufahrt von tiefgängigen Frachtern, oder die strandnahen Meeresströmungen transportieren – besonders während der Trockenzeit, wenn die Flüsse in ihren Mündungen kaum Wasser führen – ungeheure Mengen von Sand in die Häfen. Selbst Kapstadt verdankt die Sicherheit des Hochseehafens nur dem Bau der Molen.

Schnittpunkt zweier Ozeane

Die südafrikanischen Gestade werden von zwei bedeutenden Meeresströmen geprägt. Der Agulhas-Strom bringt aus dem Indischen Ozean von Norden her warmes, aber dadurch relativ nährstoffarmes Wasser an die Ost- und Südstrände, während der Benguela-Strom für kühles, nähr- und sauerstoffreiches Tiefenwasser aus antarktischen Bereichen entlang der Westküste nach Norden sorgt. Beide Ströme stoßen am Südkap zusammen. So kommt es, daß der Badende in Kommetjie bei Kapstadt das nur etwa dreizehn Grad Celsius kühle Meer zitternd verläßt, während er im nur neun Kilometer entfernten Fish Hoek an der False Bay den Indischen Ozean mit einer Temperatur von knapp zwanzig Grad Celsius deutlich länger genießen kann. Dafür bevorzugen Fischer und Angler die fischreichen Wasser des Atlantik, auch wenn Nebel diesen Küstenabschnitt vormittags häufig eher ungemütlich erscheinen läßt. Doch das wird nebensächlich, wenn Meeres-

Fortsetzung Seite 56

ARDEA ATRICOLLIS. A. Adult. B.Young.
(Aves...Plate 86)

CORYTHAIX PORPHYREOLOPHA
(Aves. Plate 35)

Fische, Frösche und kleine Wassertiere jagt der Mangrovereiher, der an Sümpfen und fließenden Gewässern sowie in den Mangrovewäldern der Küste lebt (links).

Ein geschickter Kletterer ist der Glanzhaubenturako, der versteckt in den Baumwipfeln der offenen Savanne lebt. Sein dunkler Federschopf glänzt violett (rechts).

Beide Darstellungen stammen aus einem Mitte des 19. Jahrhunderts veröffentlichten Zoologischen Atlas Südafrikas.

In den Jahren 1780 bis 1784 reiste der Naturforscher und Entdecker François Le Vaillant (1753 bis 1824) in das Innere Südafrikas. Noch heute von Bedeutung sind seine Tierstudien, die er selbst illustrierte. Hier das Nashorn, eine mit Wasserfarben kolorierte Zeichnung (siehe auch Seite 112, 113 und 123).

Nur im südlichen Afrika findet man die Gackeltrappe. Die Männchen (stehend) sind zutraulich, vor allem während der Balzzeit. Die Weibchen (liegend) dagegen sind scheu (links).

Hauptsächlich von Samen, Früchten, Insekten und Eiern ernährt sich der Afrikaschläfer, der in den Busch- und Waldregionen südlich der Sahara lebt (rechts).

Beide Darstellungen stammen aus einem Mitte des 19. Jahrhunderts veröffentlichten Zoologischen Atlas Südafrikas.

OTIS AFROIDES. A Male B Female.
(Aves — Plate 19)

Auch diese kolorierte Zeichnung einer Flußpferdkuh stammt aus den Tierstudien François Le Vaillants.

Oben links: Weiblicher Großer Kudu. Diese Antilope bevorzugt dichtes Gebüsch, da sie nicht sehr gut sehen kann. Geruchssinn und Gehör sind dagegen gut entwickelt. – Oben Mitte: Die gesellige, tagaktive Fuchsmanguste, die sich von Insekten, Mäusen und Vögeln ernährt. – Oben rechts: Der Kapfuchs ist der einzige echte Fuchs im südlichen Afrika. Tagsüber lebt er unter Felsen oder in Höhlen. Nachts wird er aktiv. – Unten links: Ein Büffel. Tiere dieser Büffelart können eine Körperlänge von bis zu 2,60 Meter und eine Schulterhöhe von bis zu 1,70 Meter erreichen. – Unten rechts: Weibliches Warzenschwein.

früchte wie Makrelen, Sardellen, Pilchard, Snoek, Stockfisch, Marline, Thunfische, aber auch Langusten, Hummer und Austern in Fülle Aussicht auf einen guten Fang geben.

Durch die parallel zum Strand verlaufenden Strömungen, dem Benguela-Strom im Westen und dem Agulhas-Strom im Süden und Osten, entstanden dort, wo einschneidende Felsvorschübe fehlen, sogenannte Ausgleichsküsten. Hier werden vorhandene Buchten durch Strandversetzung, das heißt durch immerwährenden Sandtransport, zu einer geraden Linie ausgeglichen. Es bilden sich zunächst sogenannte Strandhaken, Nehrungen, wie zum Beispiel entlang der sandigen nördlichen Küste des Namaqualands, und schließlich malerische Lagunenseen wie der St.-Lucia-See oder der Sibaya-See in Natal. Deshalb wirken nahezu alle Übergänge zwischen Meer und Land in Südafrika ziemlich monoton und in sich geschlossen. Nur wo felsige Querstrukturen auf den Ozean treffen, gestaltet sich der Strand abwechslungsreich, ja bisweilen aufregend, und für Wassersportler wie Seeleute nicht ungefährlich. Dies ist an Teilen der Südküste zwischen Kap Agulhas und Kap Padrone (bei Port Elizabeth) der Fall. Dort ist der Tafelbergsandstein wesentliches formbildendes Element. Gehobene und von Flüssen zerschnittene Plateaus haben zu einigen steilen Kliffs und Strandterrassen geführt. Eine solche Plattform mit Steilkanten bildet der Sandstein am Nadelkap (Kap Agulhas), von dem Ausläufer gefährlich weit – «Felsnadeln gleich», daher der Name – unter Wasser auf die See hinausreichen. Ähnlich verhält es sich an den Klippen des Danger Point, der ebenso viele Schiffbrüche gesehen hat wie das Nadelkap.

Nach Osten öffnen sich dort, wo die Gesteine weniger widerstandsfähig sind, weite, gleichförmige Buchten mit wunderschönen Badestränden. Die höchste Klippenkette bildet der Sandstein in der Tsitsikamma-Region, wo die Landschaft in einem der schönsten Nationalparks des Landes geschützt ist. Einzig Wanderwege wie der weltberühmte

Otter-Trail erschließen diesen aufregendsten und interessantesten Teil der südafrikanischen Küstenlinie. Den Rest der Ostküste hat der Agulhas-Strom zu einer fast geraden Strecke abgeschliffen und mit Sand aufgefüllt. Flußmündungen müssen oft ausgebaggert werden, um überhaupt einen Zugang zum Land zu erhalten. Allein Durban liegt in einer lagunenartigen Bucht, geschützt durch den sechzig bis hundert Meter hohen «Bluff», einen fossilen Dünenzug.

Gelegentlich bereichern unter der Meeresoberfläche gelegene Korallenriffe die Lebenswelt des ansonsten in dieser Gegend merkwürdig abwechslungsarmen Indischen Ozeans. Doch auch dieser hat so seine Geheimnisse: 1938 entdeckte die Zoologin Marjorie Courteney-Latimer auf dem Fischmarkt von East London den Quastenflosser, der auch Coelacanthus – «Hohlstachler» – genannt wird, einen Fisch, den man seit dem Ende der Kreidezeit vor 65 Millionen Jahren ausgestorben wähnte. Nach seiner Entdeckerin und dem Fangort an der Mündung des Chalumna River heißt das lebende Fossil seither wissenschaftlich Latimeria chalumnae.

Eine Ausnahme bildet auch die Knysna National Lake Area, eine Lagune an der Gartenroute zwischen George und Knysna. Eine vielfältige Pflanzen- und Tierwelt bereichert hier Sandbänke, größere Riedflächen und ein ausgedehntes Watt. Krabben, Schnecken, Muscheln, Wattwürmer sowie zahllose andere Krusten- und Weichtiere kommen in einer sonst im nahrungsarmen südlichen Indischen Ozean kaum bekannten Anzahl vor. Ähnlich ist es im Kosi Bay Nature Reserve nahe der Grenze zu Moçambique.

Insgesamt gesehen eignen sich die südafrikanischen Küsten und Gestade dem Zweck der Erholung und Entspannung eher denn für wirtschaftliche Aktivitäten. Gleichzeitig bildeten sie aber natürlich seit dem Einzug der Europäer in das Land am Kap stets das Tor zu Südafrika.

SÜDKÜSTE
GARTENROUTE UND HINTERLAND

Es war eine Ackerbaukolonie, die die holländischen Einwanderer, später
verstärkt durch Zuzug französischer Hugenotten und deutscher
Emigranten, haben wollten, und Ackerbauer sind die Pioniere der
südafrikanischen Kolonisation geblieben. Sie sind über die Langen- und
die Schwarzen-Berge hinübergestiegen in die weiten, nur mit spärlichem
Busch- und Graswuchs bedeckten Flächen der Karroo, über deren
hier und da aus der Ebene hervorragenden Kopjes und Plattbergen schon
ein echt afrikanischer Himmel leuchtet.

M. Wilde

Nicht Rinder, sondern Strauße «grasen» auf den Weiden der Kleinen Karoo mit ihrem Zentrum Oudts-hoorn. Es ist das einzige Gebiet der Welt, wo sich die Straußenzucht als Wirtschaftszweig entwickeln konnte.

Nächste Doppel-seite: Weißgestri-chene kleine Farm-häuser sind typisch für die Gegend um Clanwilliam am Ostufer des Olifants River.

Die zweitälteste Stadt Südafrikas ist Stellenbosch, etwa 50 Kilometer östlich von Kapstadt. Stellenbosch hat das Gesicht einer «holländischen Landstadt» aus der Zeit der Besiedlung durch die Buren bis heute bewahrt: An eichengesäumten Straßen stehen im kapholländischen Stil erbaute Häuser, weißgekalkt, mit den charakteristisch geschwungenen Giebeln. Beispiele dieser Architektur sind das ehemalige Pulverdepot (oben) und die Kirche der Rheinischen Mission, die 1823 erbaut wurde (unten).

Der größte Teil der Bevölkerung Südafrikas gehört einer der christlichen Kirchen an. Die meisten Mitglieder zählt die Niederländisch-Reformierte Kirche, eine Glaubensgemeinschaft calvinistischen Ursprungs. Von ihrem Einfluß zeugen zahlreiche Kirchenbauten in der holländischen Backsteinbauweise, wie die mit neugotischen Stilelementen versehene Kirche von 1882 in Piketberg.

Ein ganzes Viertel
wurde in Stellen-
bosch zum Museum
erklärt: Die liebe-
voll restaurierten
und möblierten
Gebäude aus der
Zeit zwischen 1710
und 1929 vermit-
teln einen anschau-
lichen Eindruck
vom Leben in den
Kolonien ...

... vor allem die bis ins kleinste Detail rekonstruierten Interieurs weisen auf ein überall auf der Welt zu beobachtendes Auswandererphänomen hin: Obwohl die Abenteuerlust einen in die Ferne gezogen hat, in den vier Wänden – und damit im Herzen – sieht es aus wie zu Hause, ganz gleich, ob im Arbeitszimmer (links), am Frisiertisch (rechts) oder im Entrée (unten).

Nächste Doppelseite: Auf einer Orangenplantage. Der Südwesten der Kapregion eignet sich auf Grund seines milden Klimas, der Bodenbeschaffenheit und der Winterregen besonders für den Anbau von Obst, Gemüse und Wein.

Oben links und rechts, unten: Die größte Pflanzenvielfalt Südafrikas findet man in der Provinz Westkap. Allein auf der nur 500 Quadratkilometer großen Kaphalbinsel wachsen 2600 Arten von Blütenpflanzen. Neben dem Fynbos, eine der Macchia des Mittelmeerraumes vergleichbare Hartlaubvegetation, der mit 600 Erika-Arten, 400 Arten immergrüner Sträucher und 117 Arten Riedgras vertreten ist, wachsen in diesem Garten Eden die unterschiedlichsten Astern, Lilien und 100 verschiedene Orchideen.

*Im Tsitsikamma-
Land, das nach
dem Begriff der
KhoiKhoi für
«klares Wasser»
benannt ist, liegt
das 2560 Hektar
große De Vasselot
Nature Reserve mit
dem kleinen Ort
Nature's Valley. In
dieser archaischen
Waldlandschaft
erheben sich über
Farnen, Sträuchern
und zahllosen
Wildblumen mit
Moos und Flechten
bewachsene Baum-
riesen.*

*Nächste Doppel-
seite: Unmittelbar
vor der Mündung
überspannt eine
Eisenbahnbrücke
den Kaimaans
River. Mit dem von
einer schnaubenden
Dampflok gezoge-
nen Zug passiert
man entlang der
Küstenlinie von
George nach
Knysna den Wilder-
ness-Nationalpark.*

An der Westküste
der Algoa Bay liegt
Port Elizabeth. In
der unübersehbar
britisch geprägten
Stadt behaupten
sich alte viktoriani-
sche Bauten neben
modernen Hochhäu-
sern. Vor der öffent-
lichen Bibliothek
erinnert ein Stand-
bild Königin Victo-
rias an die welt-
umspannende
Macht des eng-
lischen Empires.

Oben und unten: Von der wirtschaftlich wohl bedeutendsten Periode des Städtchens Oudtshoorn zu Beginn dieses Jahrhunderts zeugen noch heute die «Straußenpaläste». Ihre ehemaligen Besitzer, die Straußenfarmer, wurden als «Federbarone» bezeichnet. Bei einem Besuch auf der Safari-Farm kann man nicht nur Straußeneier und -fleisch probieren, sondern seinen Wagemut auch bei einem Straußenritt unter Beweis stellen.

Die vielen bizarren, durch Erosion entstandenen Felsformationen aus rotem Sandstein machen den besonderen Reiz der Cedarberge aus. Die etwa 100 Kilometer lange, bis 2028 Meter hohe Gebirgskette wurde zwischen Citrusdal und Clanwilliam als Cedarberg Wilderness Area unter Naturschutz gestellt.

Faszinierende Farben und Formen bieten die Cango Caves am südlichen Fuß der Swartberge nördlich von Outdshoorn. In dem etwa drei Kilometer langen Höhlensystem relativieren in Jahrtausenden «gewachsene» phantastische Tropfsteingebilde das Maß der Zeit.

*Wind und Wetter
haben aus den
Cedarbergen ein
Paradies für Maler
und Fotografen,
Wanderer und Berg-
steiger gemacht.*

*Nächste Doppel-
seite: In Felsüber-
hängen und Höhlen
der Cedarberge fin-
den sich kunstvolle
Steinzeichnungen
der Khoi und der
San, die schwer
datierbar sind, da
sich ihre Darstel-
lungsweise von vor-
geschichtlicher Zeit
bis ins 19. Jahrhun-
dert kaum verän-
dert hat (siehe auch
Seite 108 und 109).*

Links und rechts: Wer die Cedarberge in der kälteren Jahreszeit oder im Hochsommer besucht, trifft auf ein trockenes Hochland mit karstigen Gesteinsformationen. Im Frühling dagegen kann man hier das Wunder der «blühenden Steine» erleben: Auf den kahlen Felsen sprießen zum Beispiel plötzlich Mittagsblumen, Euphorbien, Aloen und Erika.

Die beste Zeit, um in den wilden Cedarbergen zu wandern, sind die Monate zwischen September und April, denn die meisten Niederschläge fallen zwischen Mai und September. Selbst ausgiebige Schneefälle sind dann keine Seltenheit.

Über den Pakhuis-paß gelangt man von Clanwilliam nach Wuppertal. Die Rheinische Mission gründete 1830 diese am Fuß der Cedarberge gelegene Siedlung.

Kaum Eingriffe von menschlicher Hand: In Südafrika fließen noch viele Flüsse, wie hier der Oli-fants River bei Citrusdal, in ihrem natürlichen, sich in zahllosen Windun-gen der Landschaft anpassenden Fluß-bett dahin.

Nächste Doppel-seite: Charakteri-stisch für die Vege-tation der Cedar-berge ist der Fynbos, die «Macchia der Kapprovinz». Diese Hartlaubgewächse sind extrem genüg-sam und witte-rungsbeständig.

Im Tsitsikamma-Küsten-National-park. An dem acht-zig Kilometer lan-gen Küstenstreifen peitschen meist hohe Wellen an die Klip-pen, denn der Mee-resboden fällt hier steil in die Tiefsee ab. Bei Ebbe kann man auf den zer-klüfteten Felsen sel-tene Muscheln und Korallen sehen.

Bernd Wiese

Gold und Diamanten

Südafrika – ein Bergbauland von Weltrang

Eine Darstellung Südafrikas bliebe unvollständig, würde man nicht auf die Bedeutung des Landes als Bergbaunation von Weltrang eingehen. Und in diesem Gebiet schlägt ein Superlativ den anderen. Zum Beispiel Gold: Südafrika hat der Welt größte Goldvorkommen, mit über 4000 Metern das tiefste Goldbergwerk, mit der Rand Refinery die größte Goldraffinerie. Oder Diamanten: Der bisher größte Schmuckdiamant der Welt, der Cullinan mit 3106 Karat Rohgewicht, wurde 1905 im Bergwerk von Cullinan bei Pretoria gefunden. Auch was andere Rohstoffe betrifft, braucht sich Südafrika nicht zu verstekken: Die größten Lagerstätten der Erde an Mangan, Chrom, Platin und Vanadium befinden sich auf dem Subkontinent. Mit der 860 Kilometer langen Eisenbahnstrecke von Sishen nach Saldanha verfügt Südafrika zudem über eine der längsten Schienenverbindungen für den Erztransport der Welt. Die Energieträger Uran und Steinkohle kommen in so großen Mengen und mit so bedeutenden Reserven vor, daß man auf Jahrhunderte versorgt ist. Nur Erdöl wurde bisher nicht gefunden, eine wirtschaftlich und politisch heikle Situation, die Südafrika aber genauso wie die Industrienationen des Westens oder Japan meistert. In Krisenzeiten hat man Benzin durch Kohleverflüssigung hergestellt und diese Technik immer verbessert, so daß Südafrika heute über die größte Kohlehydrierungsanlage der Welt verfügt. Man hat die Verstromung von Kohle ausgebaut und das Erdgaslager von Mossel Bay erschlossen, – komme, was wolle: «Die Öfen gehen nicht aus».

Fragt man nach den Grundlagen für diese herausragende Stellung Südafrikas, so muß man vier fundamentale Bereiche nennen: Die großen Lagerstätten, die im Laufe der Erdgeschichte entstanden sind; das Kapital und das Know-how, die weitgehend aus Europa kamen; die Arbeitskräfte, die man im ganzen südlichen Afrika rekrutierte; die angewandte Forschung, die neue Techniken und Produkte entwickelte und zum relativ hohen Sicherheitsstandard des Bergbaus in Südafrika beitrug.

Die Gold- und Uranvorkommen in der Provinz Gauteng und im Norden des Oranje-Freistaats gehören zum Witwatersrandbecken. Hier lagerten sich im Erdaltertum, im sogenannten Präkambrium vor ungefähr 1,8 Milliarden Jahren, Sande und Schotter ab. Sie wurden von Norden her in ein Binnenmeer etwa von der Größe des Kaspischen Meeres eingeschwemmt. Mit ihnen kam Gold in feinster Verteilung aus dem «Urkontinent», abgetragen vom Wasser und bis in die heutigen Goldfelder transportiert. Die Kette der etwa fünfzig Goldminen Südafrikas folgt im «Goldenen Bogen» der Uferzone des früheren Binnenmeeres.

Man kann sich gut vorstellen, welche ungeheure Mühe und welcher Kapitalaufwand notwendig sind, die Goldpartikelchen in großer Tiefe abzubauen und aufzubereiten. Wir haben es ja nicht mit massivem Gold wie den «nuggets» in Kalifornien zu tun. Vielmehr sind in einer Tonne Gestein oft nur sieben Gramm Gold enthalten! Der Goldbergbau muß inzwischen in Tiefen von über 3000 Metern vorstoßen, wo die Gesteinstemperaturen unter dem Druck der auflagernden Schichten bei 60 Grad Celsius liegen, die Temperaturen am Arbeitsplatz trotz Kühlung noch immer bei 32 Grad Celsius, und die Luftfeuchtigkeit bis zu 90 Prozent beträgt – tropische Verhältnisse in voller Ausprägung in über 3000 Meter Tiefe!

Ist das goldhaltige Gestein erst einmal an der Oberfläche, muß es fein vermahlen und chemisch behandelt werden. Eine Zyanidlösung laugt das Gold aus dem Erzpulver. Danach werden die Rückstände auf die gelblichweißen Halden gespült, die zu wenig rühmlichen Wahrzeichen des «Goldenen Bogens» wurden, denn die «Pseudo-Tafelberge» vom Witwatersrand sind «Umweltbomben»: Die giftigen Rückstände der Goldgewinnung bedrohen das Grundwasser, der Feinstaub löst immer wieder «Staubstürme» in der Umgebung aus, und eine Begrünung bzw. Aufforstung, um weitere Erosion zu vermeiden, ist wegen der hohen Schadstoffbelastung und der geringen Festigkeit der Halden sehr schwierig.

Zu 99,6prozentigem Handelsgold aufbereitet wird das Gold an die Südafrikanische Zentralbank verkauft. Sie übernimmt den Vertrieb auf den internationalen Goldmärkten in London, Zürich oder New York. Gold ist und bleibt – obwohl die Palette der Bodenschätze des Landes noch vieles andere in großen Mengen aufweist – ein Schlüssel für die wirtschaftliche Blüte Südafrikas.

Funkelnde Steine

Beim Stichwort Südafrika denkt man außer an Gold immer auch an Diamanten, jene funkelnden, Reichtum und Macht ausstrahlenden Edelsteine, die zugleich als Symbole der Liebe gehandelt werden. Die wirtschaftliche Wirklichkeit sieht indes anders aus: Die Steinkohle hat die Diamanten vom zweiten Platz gestoßen, und Platin und Chrom drängen nach. Dennoch geht von den Schaustücken im Kimberley Mine Museum oder vom gigantischen Trichter des «Big Hole» noch immer eine ungeheure Faszination aus. Der diamanthaltige «Blue Ground» wird aus schmalen, kaminartigen Schloten gefördert, die man von oben aufgräbt – wie beim «Big Hole» – oder von der Seite aus unter Tage ausschachtet. Die Lagerstätten der Diamanten sind unregelmäßig über Südafrika verteilt, je nachdem, wo gerade eine vulkanische «Sprengladung» an die Erdoberfläche drang, das Gestein zum Schmelzen brachte und Diamanten erzeugte.

An der Nordwestküste von Südafrika werden Diamanten aus den Dünensanden und unter dem Meer gewonnen. Der Oranje hat seit Jahrmillionen Sande und Schotter aus dem Landesinneren an die Küste befördert. Darunter befand sich auch diamantenhaltiges Gestein, sogenannte Seifen. Sie enthalten oft wertvolle Diamanten mit Schmucksteinqualität. Solche «sekundären Lagerstätten» setzen sich an der Küste von Namibia fort, wo bei Oranjemund und nördlich davon diamanthaltiges Geröll abgebaut wird.

Für Rüstung und Weltraumfahrt ist Südafrika durch seine Chrom-, Platin-, Titan- und Vanadiumerze wichtig. Die Bergwerke liegen in einem weiten Bogen nordwestlich von Pretoria, etwa um Rustenburg oder Brits. Hier werden die erzhaltigen Gesteine des Buschveldkomplexes abgebaut, einer 200 mal 450 Kilometer großen «Schüssel» aus Ergußgesteinen aus dem Erdinneren. Vor beinahe 2000 Millionen Jahren sind riesige Mengen glutflüssiger Gesteinsschmelzen (Magma) in die Sedimentgesteine eingedrungen. Als sie erstarrten, entstand eine der größten Lagerstätten magmatischer Erze auf der Erde. Die für die Rüstungsindustrie bedeutenden Mineralien treten in diesem Gebiet in einem für die westliche Welt entscheidenden Umfang auf. Seit den fünfziger Jahren entstanden deshalb Tausende von Arbeitsplätzen in den Minen, und die angeschlossenen Hüttenwerke beschäftigen zudem Hunderte von Menschen.

Das «Erzmenü» Südafrika ist noch nicht komplett: Blei, Zink, Kupfer und Silber werden im Nordwesten von Nordkap um Okiep und Aggeneys abgebaut, Eisen und Mangan bei Postmasburg und Sishen im Nordosten dieser Provinz. Diese häufiger vorkommenden Erze werden meist in großflächigem Tagebau gefördert. Es ist schwierig, für diese Standorte Facharbeiter zu finden, da sie – vergleichbar mit den Pioniersiedlungen in den Halbwüsten Australiens – weitab von allen Städten im heißen, trockenen Inneren oder an der unwirtlichen Westseite Südafrikas liegen. Um die riesigen Fördermengen der Rohstoffe zu transportieren, baute man leistungsfähige Eisenbahnstrecken

Links: Um 1900, als dieses Foto entstand, wurden aus dem «Big Hole», dem größten von Menschenhand geschaffenen Krater, bei Kimberley noch Diamanten gefördert (siehe auch Seite 106).

Rechts: Schon um die Jahrhundertwende, 14 Jahre nach Entdeckung der Goldvorkommen am Witwatersrand, war Johannesburg von den sogenannten «dumps», den gelbweißen Abraumhalden, umgeben (Foto um 1900).

wie die 860 Kilometer lange Erzbahn von Sishen nach Saldanha; auf ihr verkehren Züge von über zwei Kilometern Länge, die das Erz in über zweihundert Waggons zum Verladehafen Saldanha bringen, von wo aus die Fracht verschifft wird.

Florierende Zechen

Zu den «Exportweltmeistern» gehört Südafrika seit einigen Jahren auch bei Steinkohle. Die Energiekrise 1977/78 führte dazu, daß die riesigen Steinkohlevorkommen im Nordosten des Landes, in der Grenzregion zwischen Mpumalanga und Kwazulu/Natal, zu einem wichtigen Devisenbringer wurden. Im Gegensatz zu Deutschland und seinen Nachbarländern in Westeuropa ist der Steinkohlebergbau in Südafrika ein Wachstumssektor. Hier spricht niemand vom «Zechensterben». Zum einen beruht die einheimische Energieerzeugung zu neunzig Prozent auf Steinkohle, und es werden gewaltige Mengen für die Kohleverflüssigung in den Anlagen von Sasolburg verbraucht, zum anderen werden etwa 25 Prozent des Brennstoffes mit einer «Kohlebahn» in den Exporthafen Richards Bay und von dort aus per Frachter in die importierenden Länder befördert.

Die südafrikanische Kohle ist auf dem Weltmarkt so konkurrenzfähig, da sich die Flöze nur 60 bis 120 Meter tief unter der Erde befinden, also problemlos im Tagebau abgebaut werden können. Sie sind ein bis acht Meter mächtig, und das ist, verglichen mit durchschnittlich fünfzig Zentimetern in deutschen Kohlegruben, dick. Auch liegen sie fast waagerecht, während die Schichten in Deutschland durch die erdgeschichtlichen Ereignisse verbogen und zerstückelt wurden, also wesentlich schwieriger zu nutzen sind. Die günstigen Lagerstätten, der Aufbau leistungsfähiger Verkehrsnetze, eine aktive Verkaufsstrategie sowie Zuverlässigkeit und Pünktlichkeit bei der Lieferung ließen Steinkohle zu einem wichtigen Exportgut Südafrikas aufsteigen, das heute nach Gold in der amtlichen Statistik des Produktionswertes an zweiter Stelle steht.

*Nicht erst seit der
Zeit des Gold- und
Diamantenrausches
werden in Süd-
afrika Bodenschätze
gewonnen. Insbeson-
dere im nördlichen
Transvaal baut
man seit Jahrhun-
derten Eisen, Kupfer
und Gold ab ...*

*Um die Diamanten
aus den Schloten, in
denen sie vor Mil-
lionen Jahren im
Kimberlitgestein
erstarrten, zu
gewinnen, wurden
große Krater ge-
graben ...*

... bis ins 19. Jahrhundert arbeiteten die Pioniere der industriellen Revolution zunächst im althergebrachten Tagebau. Nur die Werkzeuge und Krananlagen entsprachen der modernen Technik (historische Fotos).

... mit Hilfe von primitiven Seilbahnkonstruktionen förderten die Diamantensucher Lore für Lore das Kimberlit. Eine mühevolle Arbeit, denn für ein Karat Diamanten muß man etwa fünf Tonnen Gestein abbauen (historische Fotos).

Im Kimberley Mine Museum sind Wohnhäuser, Läden, kleine Werkstätten und eine Kirche aus der Zeit des Diamantenrausches rekonstruiert worden.

Vom Bergbauland zum Industrieland

Mit dem Bergbau entwickelte sich auch die Industrie in Südafrika: Es werden Sprengstoffe für die Gewinnung und Säuren für die Aufbereitung der Bodenschätze gebraucht; Bergbauausrüstungen wie Kabel, Maschinen und Werkzeuge werden benötigt. Hüttenwerke entstehen. Die Metallindustrie entsteht. Beim Aufstieg Südafrikas zur «Werkstatt eines Kontinentes» wie man sich gerne nennt, spielen folgende grundlegende Faktoren eine Rolle: Steinkohle als Energiequelle ist reichlich vorhanden und günstig abzubauen; in Südafrika und seinen Nachbarländern steht ein großes Reservoir an Arbeitskräften zur Verfügung; ausländische Investoren und, vor allem nach dem Zweiten Weltkrieg, einheimisches Kapital sind an den hohen Renditeaussichten interessiert; die Wirtschaftspolitik des Landes ist solide und schafft Vertrauen. Fachkräfte aus Übersee dienen als Vorbilder, nach denen man eigene Facharbeiter ausbildet, wenn auch hier bis heute Engpässe bestehen. Die große Entfernung zu den Handelspartnern auf der Nordhalbkugel, vor allem Westeuropa, USA und Japan überwindet man durch leistungsfähige und zuverlässige Verkehrsverbindungen. Infolge des stetigen Bevölkerungswachstums existiert eine starke Nachfrage im Binnenland nach Bekleidung, Nahrungs- und Genußmitteln, Möbeln und anderen Waren des kurz- bis langfristigen Bedarfs, so daß der Konsumgütermarkt kräftig expandiert. Wichtig ist auch, daß der Staat in der Anfangsphase der Industrialisierung «Initialzündungen» gab, etwa in der Eisen- und Stahlindustrie, in der Kohleverflüssigung oder bei der Herstellung von Kunstdünger. Er zwang zum Beispiel die Automobilher-

Oben links und rechts: Von Arbeitsbedingungen und -methoden im Goldbergbau vermittelt das Museum der Crown Mines in Johannesburg einen anschaulichen Eindruck. Auch eine Grubenbesichtigung der ältesten und einstmals ertragreichsten Goldmine des Landes ist möglich.

Unten links: Die Arbeit in den Goldminen ist extrem anstrengend. In einer Tiefe von über dreitausend Metern, aus der heute das Edelmetall gewonnen wird, herrschen Temperaturen von sechzig Grad Celsius.

Unten rechts: Neben dem Bergbau haben sich in Südafrika immer mehr weiterverarbeitende Industrien entwickelt, unter anderem die Automobilherstellung.

steller durch hohe Importsteuern, in zunehmendem Maße einheimische Produkte beim Bau von Autos zu verwenden. Importbeschränkungen wegen des internationalen Embargos förderten die Entwicklung der Industrie noch, da man auf sich selbst gestellt war: Flugzeugbau, Elektroindustrie oder Nachrichtentechnik blühten auf. Gleichzeitig spielten internationale Konzerne eine wichtige Rolle. Ausländische Investoren hatten die Möglichkeit, politischen Druck auszuüben, damit vor allem die schwarzen Arbeitnehmer nicht mehr diskriminiert wurden, sie dämmten den Mangel an Facharbeitern ein, indem sie das Personal ausbildeten, und brachten last but not least technisches Know-how nach Südafrika.

Heute ist das Land am Kap der führende Bergbau- und Industriestaat in Afrika. Über die Hälfte der Bevölkerung hat einen hohen Lebensstandard und benutzt eine Infrastruktur, von der der Rest des Kontinents nur träumen kann. Dennoch existieren in Südafrika «Erste Welt» und «Dritte Welt» unmittelbar nebeneinander. Die Bevölkerung wächst beständig. Das hat vor allem in den schwarzen Townships am Rande der großen Industriemetropolen zur Folge, daß immer mehr Menschen auf den Arbeitsmarkt drängen. Um einer weiteren Verelendung zu begegnen, bedarf es, Ausbildungs- und Arbeitsplätze zu schaffen. Gleiche Chancen für alle, ganz gleich, welcher Herkunft oder Hautfarbe, muß deshalb die Devise heißen. Ein gerecht verteilter Wohlstand schafft eine stabile politische und wirtschaftliche Lage, die Südafrika letztlich auch die finanzielle und moralische Kraft verleiht, den Umweltschäden zu begegnen, die Bergbau und Industrie dem herrlichen Land an der Südspitze Afrikas zugefügt haben.

KALAHARI · NAMAQUALAND
WESTLICHER FREISTAAT

Die Wüste sah so leer aus, wie sie immer gewesen war. [Ich war] in der
weiten Welt hinter dem Geglitzer spitzer Blätter und in dem Wunder
des lebendig gewordenen Sandes und in den stählernen Dornen, die durch
den Regen in Blühen ausgebrochen waren ...
Ich ging in meinen Land-Rover zurück, fuhr über den Rand der Düne
und begann die lange, schwierige Reise zurück in die Welt
unseres zwanzigsten Jahrhunderts jenseits der zeitlosen Kalahari-Bläue.

Laurens van der Post

Im Augrabies-Falls-Nationalpark findet man den Köcherbaum, der zur Familie der Aloen gehört.

Nächste Doppelseite: Die Augrabies-Wasserfälle gehören zu den großartigsten Naturschauspielen Südafrikas. In neunzehn Kaskaden und einem Hauptwasserfall stürzt der Oranje hier insgesamt 191 Meter tief in eine rote Granitschlucht.

Wie anpassungs-
fähig die Flora an
extremes Klima ist,
beweist das Nama-
qualand im Westen
der Provinz Nord-
kap. Die meiste
Zeit des Jahres ein
unwirtliches Gebiet,
verwandelt es sich
nach einer kurzen
Regenperiode im
Frühling in ein blü-
hendes Paradies.
Vor einem zarten
Liliengewächs mit
dickfleischigen
behaarten Blättern
wächst die gelbe
Cotula, eine Lau-
genblume.

Oben und unten: Die häufigsten Blumen der Frühlingsblüte im Namaqualand sind die «Namaqua Daisies». Diese Korbblütler leuchten in Weiß und allen Gelbschattierungen bis Orange.

Nächste Doppelseite: Die vom kalten Benguela-Strom des Atlantik gespeisten Nebel sorgen in der trockenen Witterungsperiode für die erforderliche Mindestfeuchtigkeit. Die Samen und Knollen der Pflanzen können so überleben und das Namaqualand alljährlich im Frühling in ein Blumenmeer verwandeln.

Im Hester Malan
Nature Reserve öst-
lich von Springbok:
Der Köcherbaum ist
eine genügsame
Pflanze. Er speichert
in seinen dickflei-
schigen Blättern
soviel Wasser, daß
er lange Dürreperio-
den gut übersteht.

Oben und unten:
Farbenfrohe Blüten-
teppiche locken jedes
Frühjahr Ausflügler
aus ganz Südafrika
und viele Touristen
ins Namaqualand.
Dimorphotheca,
Ursinia, Arctotis
und Cotula, die für
das botanisch weni-
ger geschulte Auge
wie gelbe, ocker-
und orangefarbene
große Gänseblüm-
chen aussehen, prä-
gen das Land-
schaftsbild.

Nächste Doppel-
seite: Rote Dünen
unter tiefblauem
Himmel, wie hier
bei Bokspits, sind
ein typisches Bild in
der Wüste Kala-
hari. Sie erstreckt
sich über Namibia,
Botswana und
Südafrika.

99

Historisch von
Bedeutung ist in
Bloemfontein der
Eerste Raadsaal.
Das 1849 erbaute
strohgedeckte
Gebäude diente als
Schule, Tagungs-
stätte, Rathaus und
Kirche, heute ist
es Museum und
Nationaldenkmal.

Eine Bar aus der
Zeit des Diaman-
tenrausches erinnert
im Kimberley Mine
Museum an die
Entstehungs-
geschichte der Stadt.
Noch heute ist Kim-
berley Sitz des Dia-
mantenkartells, das
80 Prozent der
Weltförderung dieser
kostbaren Steine
kontrolliert.

Das Technical College in Bloemfontein: Durch die zentrale Lage im Land wurde die Hauptstadt des Oranje-Freistaats zu einem beliebten Tagungsort für Kongresse und Konferenzen sowie zu einem Bildungszentrum mit bedeutender Universität.

Nächste Doppelseite: Schnurgerade Straßen durchschneiden die Wüste im Norden der Provinz Nordkap.

Das sogenannte Big Hole. Dieser riesige von Menschenhand geschaffene Krater ist Teil des Kimberley Mine Museums. Aus dem gigantischen Loch wurden in der Blütezeit der Diamantengewinnung insgesamt über drei Tonnen des begehrten Edelsteins gefördert (siehe auch Seite 85).

Paul Michael Schumacher

Afrikanisches Wunder

Zur Geschichte und Gesellschaft Südafrikas

Das neue Südafrika begann mitten im Weinland, auf einer Landstraße zwischen Fransch-hoek und Paarl. An einem Sonntag im Jahr 1990 schritt Nelson Rolihlahla («Störenfried») Mandela durchs Tor des Victor-Verster-Gefängnisses. Makellos, im dunklen Anzug, wirkte der damals Einundsiebzigjährige eher wie der Zuchthausdirektor als wie ein nach rund dreißig Jahren entlassener Häftling. Seine ersten Worte wurden beinahe übertönt vom Lärm der kreisenden Hubschrauber. Vor surrenden Kameras und aufgeregten Repor-tern sprach er den Satz, der Menschen in aller Welt weinen ließ: «Ich bin froh, ein freier Mann zu sein.» Das Wunder von Afrika war vollbracht.

Mehr als vierzig Jahre Apartheid begründeten den Ruf des Staates am Kap als Paria. In Gesetzbüchern verankerte Rassendiskriminierung, das gab es sonst nirgendwo auf der Welt. Mit Mandelas Freilassung endete diese traurige Episode in der Geschichte des Landes. Frederick Willem de Klerk und Nelson Mandela, der letzte weiße und der erste schwarze Präsident, erhielten gemeinsam den Friedensnobelpreis für eine gewaltlose Wende, an die Ende der achziger Jahre kaum noch jemand geglaubt hatte. Das Wunder wurde überhaupt erst möglich durch die veränderte weltpolitische Großwetterlage. Mit dem Zusammenbruch des Kommunismus fehlte den weißen Herrschern der vermeintli-che Drahtzieher für die eskalierende Rebellion der schwarzen Mehrheit – von diesem Zusammenhang waren sie tatsächlich jahrzehntelang überzeugt. Arrogant glaubten die Weißen, mit ihrem System des legalisierten Unrechts das Beste für ihr Land getan zu haben. Weil diese Politik von Anbeginn auf Entfremdung von Menschen unterschied-licher Hautfarben angelegt war, ist die Kluft auch Ende der neunziger Jahre nach wie vor tief, beruht das Mißtrauen auf Gegenseitigkeit. Etliche Nachfahren jener Siedler, die ab 1652 ans Kap der guten Hoffnung kamen und später als «Vortrekker» ins Landes-innere vorstießen, fühlen sich um ihr Erbe betrogen. Die «historisch Benachteiligten» wiederum, so die neue offizielle Sprachschöpfung, können nicht so leicht vergeben und vergessen.

In einem Land mit fast ausschließlich christlichem Glauben spielten und spielen die Kirchen eine wichtige Rolle. So leitet der anglikanische Erzbischof Desmond Tutu eine «Komission für Frieden und Aussöhnung», in der die Scheußlichkeiten aus Apartheids-tagen untersucht werden. Ob damit das friedliche Ende einer grausigen afrikanischen Epoche eingeleitet, gar der Anfang für eine dauerhafte, wohlhabende Demokratie ge-macht ist, wird sich zeigen. Auf jeden Fall hat die Republik am Kap das Potential, einzig-artiges Vorbild auf dem schwarzen Kontinent zu sein.

Mit Bibel und Büchse

Die weißen Siedler aus Europa waren besessen von der Idee, Gottes auserwähltes Volk zu sein. Mehr als dreihundert Jahre lang kämpften sie mit Bibel und Büchse gegen Schwarze, gegen Engländer, gegen «uitlanders» überhaupt – und das war die ganze Welt. Ein rassisti-sches Ideal beflügelte sie, das sie Freiheit nannten. Es basierte auf der Unfreiheit der ande-ren, und die waren immer die Mehrheit in Südafrika.

Felsmalereien sind ein eindrucksvolles Beispiel der Kultur der Khoi und San in Südafrika. Die Abbildungen auf den Seiten 108 und 109 zeigen Malereien aus den Drakensbergen (siehe auch Seite 76/77).

Oben: Zwei Elenantilopen; mit der rechten, auf dem Rücken liegenden soll vermutlich ein totes Tier dargestellt werden.

Unten: Große Kunstfertigkeit bewies der Maler dieser Tanzszene, denn es gelang ihm, die kreisförmige Bewegung auf den flachen Stein zu übertragen.

Durch die verschiedenen Größen der dargestellten Menschen – vermutlich bei einer Prozession – erhält diese Felsmalerei eine erstaunliche Raumwirkung.

Allerdings: was geschah, war auch wesentlich beeinflußt von der geographischen Isolation des Landes am Kap. Die Rückständigkeit der Herrschaftsklasse, das geistige Verkümmern der Buren wird verständlicher, wenn man in Betracht zieht, daß ein Segelschiff von Amsterdam ans Kap einstmals bis zu vier Monate unterwegs war. Von der europäischen Geistesgeschichte wie dem Humanismus, der Französischen Revolution oder dem Vormarsch der Naturwissenschaften auf Kosten der theologischen Überzeugungen des Mittelalters bekamen die Siedler am Kap kaum etwas mit.

Aus der Zeit vor der Landung der ersten Europäer gibt es keine schriftlichen Zeugnisse. Deshalb sind die Ergebnisse der Geschichtsforschung über das Südafrika vor 1652 überaus spärlich und lückenhaft. Archäologie sowie moderne Sprach- und Naturwissenschaft haben soeben erst begonnen, etwas Licht in die dunkle Frühgeschichte des Landes zu bringen. Heute weiß man: Ebenso wie ganz Afrika, spielte auch Südafrika eine wichtige Rolle in der Entwicklungsgeschichte der Menschheit. Mindestens drei Millionen Jahre lebten dort Vorgänger der heutigen Menschen. Schon sehr früh entwickelte sich aus der schwarzen Rasse ein Gruppe mit hellerer, gelblich-brauner Haut, Menschen von kleinem Wuchs mit sogenanntem Pfefferkornhaar. Sie erhielten später den Namen «San» und lebten vermutlich im gesamten südlichen Afrika, also südlich des Sambesi.

Die Sprache der San enthält zahlreiche Schnalz- und Klicklaute, die von anderen schwarzen Völkern, etwa den Xhosa, übernommen wurden. Verschwindende Reste der kleinen Ureinwohner leben bis heute vorwiegend in Angola, Namibia, Botswana und vereinzelt in Südafrika, nur wenige allerdings noch als Jäger und Sammler.

Einstmals lebten die San in kleinen Gruppen von wenigen Familien. Alle wichtigen Entscheidungen wurden von einem Rat der Oberhäupter gefällt. Eine Dürre führte häufig dazu, daß sich einzelne Familien absonderten und sich fortan in Meeresnähe durch Fischfang oder im Landesinneren durch das Sammeln von wilden Früchten und vor allem durch die Jagd ernährten.

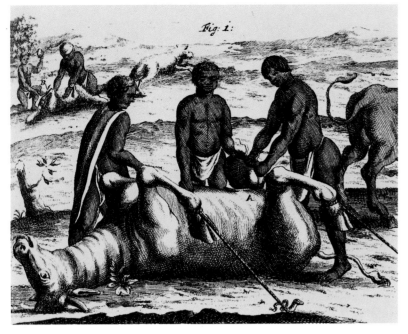

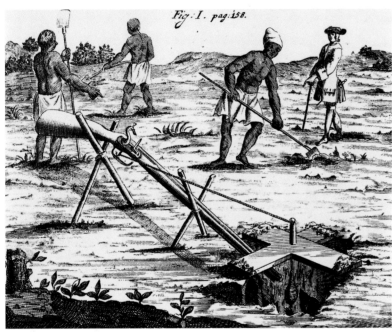

Jäger gegen Viehzüchter

Die materielle Kultur der San war einfach. Doch sie hinterließen Tausende von Felszeichnungen und -malereien, deren genaue Entstehungsgeschichte rätselhaft bleibt. Eine Fundstätte in Namibia wurde aufgrund in der Nähe gefundener Gegenstände datiert. Das Alter wird auf 27 000 Jahre geschätzt. Ansonsten entstand die Kunst der San etwa 4000 bis 5000 Jahre v. Chr. und reicht bis ins 19. Jahrhundert n. Chr. Man vermutet eine rituelle oder magische Bedeutung der häufig abgebildeten Jagdszenen.

Die Anfänge der Viehzucht im südlichen Afrika schätzt man heutzutage auf die ersten Jahrhunderte nach Christi Geburt. Unsicher bleibt, ob die sogenannten KhoiKhoi (was soviel bedeutet wie Menschen der Menschen) Einwanderer aus dem Norden waren, oder ob es sich um San aus dem Norden von Botswana handelte, die Viehhaltung von nördlicheren schwarzen Nachbarn gelernt hatten. Über die KhoiKhoi ist schon erheblich mehr bekannt. Sie zogen vor allem durch die Westhälfte Südafrikas bis in den Süden. Dort trafen sie im späten 15. Jahrhundert mit europäischen Seefahrern und schließlich mit den Siedlern am Kap zusammen.

Gesichert ist auch die Erkenntnis, daß es zu erheblichen Konflikten zwischen relativ seßhaften Viehhaltern und umherziehenden Jägern und Sammlern kam, wenngleich sie sich äußerlich kaum unterschieden. Die soziale Unterscheidung, im Gegensatz zu einer ethnischen, führte dazu, daß die KhoiKhoi den umherziehenden, diebischen Mitbewohnern im südlichen Afrika den abfällig gemeinten Namen «San» gaben. Zusammenfassend wird deshalb heute von KhoiSan-Völkern gesprochen. Erst die Buren erfanden später den Namen «Buschmänner», während sie den Viehzüchtern den Namen «Hottentotten» gaben.

Tatsache bleibt jedoch: Generationen von weißen Südafrikanern sind im Geschichtsunterricht belogen worden. Die offizielle, von Weißen verfaßte Geschichtsschreibung gaukelte ihnen vor, daß die Vorväter in ein riesiges, wildes, aber auch menschenleeres Land gekommen wären. In Wahrheit lebten zigtausend KhoiSan, eine nichtnegroide Urbevölkerung, zwischen Kap und Oranje. Zwar war das Gebiet dünn besiedelt – nur in der Sahara lebten weniger Menschen als im Kapvorland – aber menschenleer war es eben nicht, und der Trugschluß hatte tragische Folgen.

Die burischen Vorväter hatten zunächst gar keine Landnahme und Besiedlung nach kolonialem Muster im Sinn. Als Kommandant Jan van Riebeeck für die Niederländisch-Ostindische Kompanie 1652 in die Tafelbucht einlief, sollte er lediglich eine Versorgungsstation einrichten. Auf dem 20 000 Kilometer langen Weg nach Batavia in Niederländisch-Ostindien sollten die Schiffe der Kompanie Frischwasser und Gemüse laden können. Die dafür gegründeten «Company Gardens» existieren noch heute an den Hängen des Tafelbergs.

Die ersten Buren – deutsche Bauern

Als Bauern heuerte die Firma neun Familien aus der alten Heimat Holland an, so hieß es lange Zeit offiziell. Doch dies war eine grobe Vereinfachung, denn drei der ersten Burenfamilien kamen aus Köln und eine aus Osnabrück. Sie siedelten als «Freibürger» im Gegensatz zu den bis dahin gelandeten Beamten und Soldaten der Kompanie, die sich für bäuerliche Arbeiten als gänzlich ungeeignet erwiesen.

Erste Eindrücke von den Ureinwohnern schilderte van Riebeeck an seine Vorgesetzten, die «Herren Siebzehn»: «Sie sind klein von Gestalt und von häßlichem Gesicht. Ihr Haar steht aufrecht wie das eines Diebes, der zu lange in der Sonne gegangen hat. Ihre Sprache klingt so, als ob ein Truthahn einen Laut von sich gibt. Sie würden ohne Zweifel jemanden von uns gefressen haben, wenn sie es gekonnt hätten. Denn es macht ihnen nichts aus, rohes Gedärm zu verschlingen, nachdem sie den Kot mit den Fingern herausgedrückt haben, woraus man schließen kann, daß sie Menschenfresser sind.»

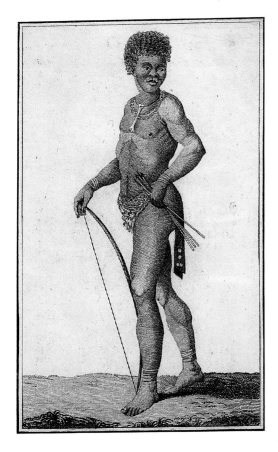  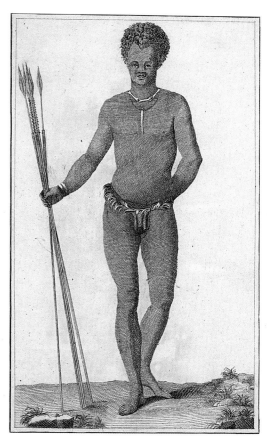

Der mit einem eigenen Feiertag in Südafrika geehrte, in unzähligen Denkmälern verewigte Herr van Riebeeck war kein Kolonialist der herkömmlichen Art. Ohnehin wurde er nach nur zehn Jahren am Kap nach Batavia versetzt. Seine Verehrung durch die Buren, die «Afrikaaner», wie sie sich selbst nennen, hat vielmehr damit zu tun, daß sie einen Vater ihrer völkischen Genesis brauchten.

Zum Beispiel betrieben Portugiesen und Spanier, Briten und Franzosen zu van Riebeecks Zeit von ihren florierenden afrikanischen Stützpunkten aus den Sklavenhandel. Der Holländer am Kap hingegen ahndete Mißhandlungen von Hottentotten mit fünfzig Hieben und zwar – was die Strafe noch verschlimmerte – im Beisein des Geschundenen. Außerdem versuchte er die Ausbreitung ins Landesinnere zu begrenzen, indem er beispielsweise eine Hecke aus Bittermandeln als Demarkationslinie pflanzen ließ. Doch die Streitigkeiten dauerten an. Die Siedler scherten sich nicht um die Weisungen der Kompanie und treckten immer weiter von Kapstadt weg. Rund fünfzig Jahre nach ihrer Ankunft lagen die entferntesten Farmen schon drei Tagesreisen mit dem Ochsenkarren jenseits der Mandelhecke. Die Ureinwohner rächten sich, indem sie Vieh stahlen.

Einer der Streits ist in van Riebeecks Aufzeichnungen protokolliert: «Sie (die Braunen) sagten bitter, daß wir uns mehr und mehr von ihrem Land angeeignet hätten. Und sie wollten wissen, ob sie wohl das Gleiche in Holland tun könnten, wenn sie da mal hinkämen.» Die Antwort der Weißen entsprachen wohl dem Zeitgeist, nicht aber den Absichten der Niederländisch-Ostindischen Kompanie: «Das Land ist uns in einem Verteidigungskrieg zugefallen, und wir haben nicht die Absicht, es wieder herzugeben.»

Zunehmend entwickelte sich aus dem Handelsposten eine Gebietsherrschaft. Das Schicksal von Buschmännern und Hottentotten war damit besiegelt. Von bezahlten weißen Jägern wurden sie im Auftrag der Bauern als Viehdiebe hingerichtet. Aber auch schwarze, an der Ostküste lebende Bantus kannten keine Gnade. Hinrich Lichtenstein, Forschungsreisender aus Hamburg, schilderte 1804 die Menschenjagden östlich des Großen Fischflusses: «Die Erbitterung der Koosa (Xhosa) und aller mir bekannten Kaffernstämme gegen die Buschmänner ist so heftig, daß jeder Buschmann, der ihnen in die Hände fällt, er sei von welchem Alter und Geschlecht er wolle, ohne Gnade niedergemacht wird. Sie betrachten sie als Raubtiere, die man von der Erde vertilgen müsse.»

Lange Zeit unterschieden Europäer nur drei Arten von Ureinwohnern: die «Hottentotten» mit gelbbrauner Hautfarbe und dem charakteristischen Pfefferkornhaar, die zusammen mit den «Buschmännern» die Sprachgruppe der KhoiSaniden bilden, und die «Kaffern», womit undifferenziert die schwarze Bevölkerung gemeint war.

Die zwei linken Bilder tragen die Bezeichnung «Hottentotte», das rechte die Bezeichnung «Kaffer». (Alle Darstellungen von François Le Vaillant; siehe auch Seite 52, 53 und 123.)

Weibliche Urein-wohner gesehen von François Le Vaillant: Mit Fell-mänteln bekleidete «Hottentotten-Frauen» (links und Mitte) und eine «Kaffern-Frau», die ihr Kind stillt (rechts).

Drei große Pockenepidemien besorgten den Rest. Zu Anfang des 19. Jahrhunderts waren die Ureinwohner der Kapkolonie nahezu ausgerottet. Die europäischen Koloni-sten lebten mit ihren Sklaven, aber auch mit einer wachsenden Zahl von Mischlingen. Denn, sehr zum Leidwesen der späteren Vertreter der Politik der Apartheid, liebten die ersten burischen Siedler häufig farbenblind.

Sklaven als Arbeitskräfte

Daß es Sklaven gab, verdankten die Siedler einer glatten Befehlsverweigerung van Riebeecks. Auf Madagaskar, so schrieb er voll Bedauern in sein Tagebuch, gebe es reich-lich billige und willige Arbeitskräfte. Doch die Kompanie, eine gewinnorientierte Aktien-gesellschaft, zeigte kein Interesse und blieb hart. Die Funktion des Postens am Kap war schließlich klar umrissen. Da legte am 28. März 1658 der Segler «Amersfoort» in der Tafel-bucht an. Der Kommandant konnte nicht widerstehen: Die Ladung bestand aus 170 ausschließlich jungen kräftigen Burschen und Mädchen, Sklaven aus Guinea, die von einem portugiesischen Händler erbeutet worden waren. Die Versteigerung am Kap erbrachte fast 15000 Gulden. Das besänftigte van Riebeecks Vorgesetzte in Holland. Kurze Zeit später stattete er selbst eine große «Jagdsafari» nach Westafrika aus, und fünf-zig Jahre später erlaubten die «Herren Siebzehn» generell die Verschleppung von Sklaven ans Kap.

Sklaven statt Einwanderung lautete fortan die Devise. Nur einmal, 1687/88 nach der Aufhebung des Edikts von Nantes, kam ein größerer Schub von 225 Hugenotten nach Kapstadt, da ihnen die Ausübung der protestantischen Religion in Frankreich verboten war. Ein Bevölkerungsvergleich ist aufschlußreich: Im Einwanderungsland USA lebten in den neunziger Jahren des 18. Jahrhunderts bereits etwa drei Millionen weiße Einwohner, in Südafrika hingegen wohnten gerade um die 16000. Das hing auch mit den politischen Erwägungen der «Herren Siebzehn» zusammen. Am Kap sollten amerikanische Zustände vermieden und revolutionärer Bürgergeist ferngehalten werden.

Der Einwandererstop hatte schicksalhafte Folgen: Die Buren lebten zunehmend isoliert und schalteten sich für die nächsten gut 150 Jahre aus der Weltgeschichte aus.

Bei seinen Reisen ins Innere Südafrikas beobachtete der Großwildjäger und Händler James Chapman (1831 bis 1872) nicht nur die Sitten und Gebräuche der Eingeborenen, sondern er lernte auch ihre Sprachen. Er konnte fließend Sechuana (heute Setswana) und schrieb viele Wörterbücher, etwa der Khoi-, der Yeei- und der Betchuanasprachen.

Die beiden Darstellungen stammen von seiner Reise von Natal zur Walvis Bay: Betchuanafrauen (links) und Betchuanamann im Kriegsgewand (rechts).

Zwischen 1860 und 1863 reiste Chapman zusammen mit dem Maler und Entdecker Thomas Baines (1820 bis 1875) zum Sambesi. Chapmans Beobachtungen und Baines' Bilder wurden wichtige Beiträge zur frühen Völkerkunde, zur Geschichte, Geographie und Naturwissenschaft des Landes.

Die Darstellung «Eine Gruppe von Buschmännern» von Thomas Baines stammt aus dem Jahr 1861 (siehe auch Seite 116 und 117).

In den zwanziger Jahren unseres Jahrhunderts, als diese Aufnahme entstand, fand man noch vielerorts Zulu-Kraals, in denen die Zeit stehengeblieben zu sein schien. Auch heute gibt es noch ab und an Dörfer, in denen die Familien noch wenig berührt von der modernen Zivilisation leben.

Zulu im Norden Natals bauen eine für Bantustämme charakteristische Rundhütte (Foto von 1928).

Ihre geringe Zahl, aber auch das Desinteresse der Kompanie, ermöglichte ihnen eine rapide räumliche Ausdehnung. Die Grenze rückte im Verlauf des 18. Jahrhunderts um ungefähr vierhundert Kilometer nach Norden und um achthundert Kilometer nach Osten vor.

Immer mehr Freibürger aus der etablierten Kapkolonie fanden wegen der Sklaverei keine Arbeit mehr, die ihnen zusagte. Sie erhielten daher von der Kompanie Weidegebiete zugesprochen, weil dies billiger war, als kleinere bäuerliche Anbauflächen zu verteilen. Diese Viehzüchter machten es den Hottenotten nach: Statt sich durch Brunnen oder Staubecken mit Wasser zu versorgen und gar Felder anzulegen, zogen (treckten) sie einfach weiter, wenn ein Weidegebiet erschöpft war. Daher wurden sie Trekburen genannt.

Ganz überwiegend ernährten sich die Trekburen von Fleisch, weil sie häufig nicht seßhaft waren oder keine Lust hatten, eigenes Brot zu erzeugen. Von Kapstadt trennte sie eine wochen-, zuweilen monatelange Fahrt mit dem Ochsenwagen. Wenn sie doch einmal die Tortur einer Reise in die Zivilisation auf sich nahmen, dann verkauften sie Häute, gesalzene Butter, Fett und Jagdbeute. Dafür erwarben die nomadenhaften Buren hauptsächlich Munition – auch für die Jagd auf Ureinwohner. Das Phänomen der Trekburen ermöglichte einer geringen Zahl von Kolonisten, ein gewaltiges Gebiet in Besitz zu nehmen. Der Kompanie war dies egal. Schließlich lieferten die Aussiedler Fleisch und bezahlten eine, wenn auch geringe, Pacht. In Kapstadt kümmerte sich niemand darum, was die wilden Burschen im Landesinneren trieben.

In der malerischen Tafelbucht ließ es sich schon damals gut leben. Die Siedlergesellschaft bestand Ende des 18. Jahrhunderts einerseits aus Bediensteten der Kompanie, die das politische und wirtschaftliche Leben bestimmten. Sie verstanden sich als Beamte und

Seite 116: Der Engländer Thomas Baines,
Abenteurer und Schriftsteller, war einer
der bedeutendsten «Porträtisten» Südafrikas im 19. Jahrhundert. Auch schuf er
durch die vielen von ihm angelegten Karten Orientierungsmöglichkeiten für spätere
Reisende im südlichen Afrika. Von ihm
stammt das Gemälde mit dem Titel «Kraal
des Häuptlings Sandile in den Amatolas»
(siehe auch Seite 114 und 118). – Oben:
«Kaffern verlassen mit all ihren erworbe-
nen Gütern die Kolonie, um in ihre ange-
stammten Gebiete zurückzukehren» heißt
dieses Gemälde von Thomas Baines. –
Unten: Der Künstler und Lehrer Frederick
Timpson I'ons (1802–1887), der 1834
nach Südafrika kam und in Grahamstown lebte, hielt das Leben der Eingeborenen und der ersten Siedler in seinen
Bildern fest. 1858 malte er die Szene
«Medizinmann mit Frau und Kindern».

117

Der Xhosa-Häupt-
ling Sandile in der
traditionellen
Häuptlingskleidung,
Gemälde von Frede-
rick Timpson I'ons
(siehe auch Seite
116 und 117).

Rechte Seite:
Oben: «Wie die
Kaffern einen Fell-
mantel herstellen»,
Gemälde von Frede-
rick Timpson I'ons.

Unten: Mit farbi-
gen Zeichnungen
versehen hat der
schottische Missio-
nar John Campbell
(1766–1840) seine
«Travels in South
Africa», die 1822
veröffentlicht wur-
den:
Fast vollständig
aus Perlschnüren
bestand das Ge-
wand, das die
Frauen in Latta-
koo, einem Kraal
im Bechuanaland,
beim jährlichen Fest
der Beschneidung
trugen (linke Abbil-
dung, links).
Perlen- und blumen-
geschmückt ist die
Frau des Regenma-
chers in Kurrechane
unter ihrem luftigen
Umhang (linke
Abbildung, rechts).
Rechte Abbildung:
Der Häuptling von
Lattakoo und seine
Frau.

Campbell del.   Clark sculp.

Campbell del.   Clark sculp.

119

Europäer, die am Ende ihrer Dienstzeit in die Heimat zurückkehrten. Andererseits gab es Freibürger, die Herbergen, Gastwirtschaften und, vereinzelt, Handwerksbetriebe besaßen. Doch schon 1798 galt: Arbeit mit den eigenen Händen war Sklavenarbeit. Dies war für die damals 25 754 Sklaven, verglichen mit 21 746 Freien, eine frühe Warnung.

Auch die hugenottischen Siedler bildeten da keine Ausnahme und genossen das gute Leben am Kap. Sie interpretierten nicht nur ihre Glaubenslehre um – denn schließlich wollte Johann Calvin die Gleichheit aller Menschen in Christus –, sondern auch ihr traditionelles Arbeitsethos. Dieses wandte sich gegen die Ausbeutung des Menschen durch den Menschen und lehrte, daß der Wert allen Tuns in der Liebe liege. Calvin forderte die freie Entfaltung der menschlichen Schaffenskraft, denn darin vollende sich das Werk Gottes. Allein seine Jünger im fernen Afrika hielten sich nicht daran. Vielmehr befolgten sie Kapitel 25 aus dem 3. Buch Mose, Vers 44: «Willst du aber Sklaven und Sklavinnen haben, so sollst du sie kaufen von den Völkern, die um euch her sind.»

Nicht expansive Gebietsansprüche, sondern die günstige Lage des Kaps als Stützpunkt für die Schiffe auf dem langen Seeweg nach Indien veranlaßte die Holländer, sich in Südafrika niederzulassen. Das Gemälde zeigt Kapstadt 1683, dreißig Jahre nach Gründung der Kolonie.

Das angenehme Leben der Buren

Das in den südafrikanischen Lesebüchern anschaulich als besonders entbehrungs- und arbeitsreich geschilderte Leben der Pioniere am Kap war wohl in Wahrheit nicht so

aufopferungsvoll. Jedenfalls schreibt Hinrich Lichtenstein über den Tagesablauf eines Buren: «Seine Arbeit besteht darin, daß er morgens den Hottentotten mit der Herde ins Feld schickt [...]. Die ganze übrige Zeit wird mit wenigen mühelosen häuslichen Geschäften oder auf der Jagd zugebracht. Ein großer Teil des Tages verfließt in ruhiger Muße und unter täglich mehrmals wiederholten gemeinschaftlichen Andachtsübungen.»

Die burischen Vorväter hatten große Familien und ein stattliches Gesinde zu versorgen: viele Kinder, Hottenotten und Leibeigene. Lichtenstein berichtet von einem Grundbesitzer, der 105 Menschen zu seinem Hof zählte. Weibliche Untertanen mußten dem «Baas» in jeder Hinsicht zu Diensten sein, ein Rassenproblem im späteren Sinn gab es damals noch nicht. Zwar waren Heiraten zwischen schwarz und weiß verpönt, doch der Beischlaf war – blieb es vielfach auch unter der Apartheid – ein burisches Kavaliersdelikt. Zahlreiche Untersuchungen belegen, daß die auf ihre weiße Hautfarbe so stolzen Buren alle einen gehörigen Schuß Blut Andersfarbiger in ihren Adern haben.

Das änderte allerdings nichts an der Angst der Weißen vor den zahlenmäßig überlegenen Sklaven. Bei den Freien machten die Kinder etwa fünfzig Prozent der Bevölkerung aus, Männer und Frauen waren etwa in gleicher Anzahl vertreten. Bei den Sklaven dagegen gab es weitaus mehr, nämlich drei- bis fünfmal soviele Männer als Frauen. Für die schwere Arbeit unter härtesten Bedingungen schien es ratsam, vor allem Männer einzuführen. Gleichzeitig wuchs dadurch aber auch die Unzufriedenheit und die Gefahr einer Rebellion. Das Bewußtsein, sowohl Herrscher als auch gefährdete Minderheit zu sein, gehört seitdem zum Lebensgefühl der Weißen Südafrikas wie der Sonnenschein.

Kriege um Weideland

Nachdem die Trekburen während des 18. Jahrhunderts rasch entlang der Südküste nach Osten vorgedrungen waren, trafen sie auf eine riesige Wanderung des schwarzen Xhosa-volkes, das aus Ostafrika, aus dem Gebiet der großen Seen kommend, nach Süden vorge-drungen war. Wahrscheinlich hatten die Xhosa zur selben Zeit, als Van Riebeeck am Kap landete, die Grenzen zum heutigen Südafrika überschritten. Trekburen wie Xhosa waren vor allem Viehzüchter, deren Lebensrhythmus von den Regenwolken bestimmt war. Beide suchten Weideland. Das mußte zum Konflikt führen.

1778 hatte der Gouverneur den Großen Fischfluß zur Grenze der Kapkolonie erklärt. Dort kam es im Jahr darauf zum ersten von neun grausamen Zusammenstößen, den soge-nannten Kaffernkriegen. Die Bezeichnung «Kaffer» war von den Portugiesen übernom-men worden. Die wiederum entlehnten die Bezeichnung dem Arabischen. Gemeint war ein Ungläubiger, doch später wurde es ein besonders böse gemeintes und verletzendes Schimpfwort für Schwarze.

Bis heute beteuern Kenner der Kultur der Xhosa, daß es zu den langwierigen und verlustreichen Kämpfen nicht gekommen wäre, wenn sich die Weißen nur nachgiebiger gezeigt hätten. So erlaubten die Xhosa den Angehörigen anderer Völker, wie etwa den KhoiKhoi, die Einheirat, und somit eine Vermischung. Doch bei den Trekburen stießen sie damit auf keine Gegenliebe. Die Xhosa waren ihnen zwar willkommen, aber nur als Untergebene und Arbeitskräfte.

Mißverständnisse kennzeichneten die Begegnung von Schwarz und Weiß im Süden Afrikas von Anfang an. Überließen die Xhosa einem notleidenden Weißen ein Stück Weideland gegen Pacht, dann behauptete der Begünstigte später, er hätte einen Kauf getä-tigt. Und wenn die Xhosa ihre Herden, ohne lange zu fragen, auf weißes Land trieben, war das mit ihrer Rechtsauffassung von Gemeineigentum durchaus vereinbar. Für die Buren hingegen war solche Unbotmäßigkeit ein Kriegsgrund. Fest steht: Die Weißen hatten schon damals Schwierigkeiten, gleichberechtigt neben und mit einem anderen afrikanischen Volk zu leben. Erst zum Ende des Jahrtausends würden sie versuchen, daran etwas zu ändern.

Der zweite Krieg gegen die Kaffern begann und endete 1793. Kriegsgrund war der Streit um das sogenannte Zuurveld, ein Gebiet mit sauren Grasarten, wo Buren wie Xhosa ihre Herden vor allem im Sommer weiden wollten. Der Waffengang endete ohne Sieger. Die Buren aber waren aufgebracht, weil Kapstadt ihnen nicht nur jegliche Unterstützung verweigert hatte, sondern sogar unumwunden den Schwarzen Recht gab. Die Weißen hätten Land genug, verfügte der damalige Gouverneur. Enttäuscht probten die beiden östlichen Distrikte Swellendam und Graaff-Reinet daraufhin 1795 die Rebellion. Doch das Unterfangen war kurzlebig, denn in Kapstadt erwuchs den Buren ein neuer Feind.

Shakas Reich

Am 16. September 1795 flatterte zum ersten Mal der britische Union Jack über der Stadt-befestigung. Es dauerte jedoch mehr als zehn Jahre, bis die Briten mit der Übernahme des Kaps Ernst machten. Schließlich gab die bis heute gültige strategische Bedeutung den Ausschlag. Es war eine der wenigen Gelegenheiten, wo ein Hauch von Weltgeschehen das Kap streifte, das sonst immer im Windschatten der großen Politik lag.

In dem 1814 zur Kronkolonie erklärten Gebiet interessierte die Briten zunächst nur der Stützpunkt Kapstadt, da er auf dem Seeweg nach Indien lag. Außerdem befürchteten sie einen Angriff Napoleons. Die Bevölkerung jenseits der Stadtgrenzen war den Englän-

Bilder aus der Kapkolonie im 19. Jahrhundert:

Kirche und Schulhaus von Genadental, der ältesten Missionsstation Südafrikas (gegründet 1737), etwa 130 Kilometer östlich von Kapstadt (oben).

1852 war Uitenhage noch ein kleines Dorf. Heute ist es eine moderne Industriestadt mit 120 000 Einwohnern (Mitte).

1872, als das Gemälde «Ostermorgen in Südafrika – malaiische Tanzveranstaltung in Sea Point» entstand, lebten schon viele Malaien in Südafrika. Die Niederländisch-Ostindische Kompanie hatte sie als Sklaven ins Land gebracht (unten).

dern daher noch gleichgültiger als vorher den Holländern. Die Buren zählten mittlerweile 20 000 Personen, waren somit eine kleine, aber homogene Gruppe. Ihr Holländisch wandelte sich zunehmend in das einfachere Afrikaans, mit Einsprengseln von Malaiisch und verschiedenen schwarzen Sprachen. Für diese «Afrikaaner» war das neue Regiment eine Fremdherrschaft. So begann die erst in jüngsten Jahren schwindende Erzfeindschaft von zwei weißen Bevölkerungsgruppen im südlichsten Zipfel Afrikas, der Streit zwischen Buren und Engländern.

England siedelte im Jahr 1820 einige tausend Einwanderer am Kap an, erklärte Englisch zur Amts-, einige Jahre später sogar zur Gerichtssprache. Doch wirklich verbittert waren die Buren, als «mit der schändlichen Befreiung von Sklaven» begonnen wurde, wie es später in den Geschichtsbüchern afrikaanser Sprache hieß.

Die Unruhe unter den Weißen fand ihr Gegenstück bei den Schwarzen, denn auch bei deren Völkern im Osten Südafrikas rumorte es gewaltig. In der zweiten Hälfte des 18. Jahrhunderts bildeten sich bei den nördlichen Nguni, im Gebiet des heutigen Natal und Zululand, größere, stärker zentralisierte und vor allem militärisch schlagkräftigere Staatswesen. Dies leitete den Beginn der «Mfecane», sinngemäß übersetzt der «Zerstörung», ein. Bezeichnenderweise nennen die Leidtragenden, vorwiegend Völker der Sotho, diese Periode ihrer Geschichte «Difaqane», was soviel wie «Vertreibung» bedeutet. Da es keine schriftlichen Aufzeichnungen über die Ursachen gibt, herrschte bis vor kurzem weitgehend Einigkeit darüber, daß die Weißen mit den revolutionären Veränderungen unter den Schwarzen nichts zu tun hatten. Die neueste Geschichtsschreibung behauptet jedoch, daß die Mfecane unter anderem eine Folge der Ausweitung des portugiesischen Sklavenhandels in Ostafrika war. Und auch die ständige Vergrößerung der Kapkolonie durch die Trekburen habe den schwarzen Bürgerkrieg geschürt.

Auf jeden Fall existierten nach der Wende zum 19. Jahrhundert zwei große Staaten: Die Mthethwa unter ihrem Führer Dingiswayo und die Ndwandwe unter Zwide. Beide hatten kleinere Nachbarn besiegt und zogen nun gegeneinander ins Feld. 1817 oder 1818 besiegte Zwide Dingiswayo, der bei der Schlacht getötet wurde; damit hatte die Stunde von Shaka geschlagen.

Der 1783 geborene Unterfeldherr von Dingiswayo entstammte dem damals kleinen und unbedeutenden Volk der Zulu. Als Heerführer der Mthethwa gelang es Shaka, Zwide zu bezwingen. Dadurch konnte er sich zum Nachfolger Dingiswayos aufschwingen. Mit der Herrscherwürde vertraut schuf er einen in Afrika einzigartigen Militärstaat. Männer zwischen 16 und 40 Jahren waren permanent wehrpflichtig, das heißt, sie standen die ganze Zeit unter Waffen. Erst ab dem 40. Lebensjahr durften sie heiraten, und selbst Frauen wurden zu Hilfsdiensten eingezogen. Die jederzeit einsatzbereite riesige Armee war kaserniert und wurde in Friedenszeiten in der Landwirtschaft eingesetzt.

König Shaka ersann ständig neue Kriegslisten. Statt der bis dahin üblichen Wurfspeere ließ er kurze, schwertähnliche Kampfspeere einsetzen. Die Massaker unter den Gegnern, die halbmondförmig angegriffen wurden, waren schrecklich. Shaka wollte keine Menschen – etwa als Untertanen – erobern, sondern er kämpfte um immer mehr Land für sein gewaltiges Reich. Die Terrorherrschaft des zunehmend unberechenbaren Soldatenkönigs endete 1828 mit seiner Ermordung durch zwei Halbbrüder. Der brutale, vergleichsweise rasche Aufstieg der Zulu-Nation war erstaunlicherweise von Dauer. Obwohl der Staat 1879 zerschlagen und 1887 aufgelöst wurde, sind die Zulu bis heute nicht nur die zahlenmäßig stärkste Gruppe Südafrikas, sondern sie verbindet auch ein starkes Zusammengehörigkeitsgefühl.

Der Große Treck

Im Jahr 1835, nach dem sechsten Grenzkrieg, war die Stimmung der Siedler im Osten auf dem Nullpunkt. Ihre Herden wurden von den Schwarzen geraubt, ihre Farmen angezündet. Von der englischen Verwaltung in Kapstadt erhielten sie keine Hilfe. Schlimmer

Fortsetzung Seite 135

TIERWELT SÜDAFRIKAS: KALAHARI

Gelegentlich trifft man auch hier auf äußerst armselige einheimische
Siedlungen. Dann beginnt der «Kalahari Gemsbock National Park».
Will man den reichen Tierbestand dieses Parks, verschiedene Antilopen-
und Gazellenarten ... Gnus, Löwen, Geparde, Hyänen, Strauße usw.
beobachten, dann muß man sich – wie in allen südafrikanischen Tierparks –
Zeit lassen ... Dieser «Park», 120 Kilometer lang, präsentiert sich
hauptsächlich als eine Sandlandschaft mit spärlicher Vegetation und großer
Vielfalt an Tieren.

Harald R. Bilger

Im Kalahari-Gems-
bok-Nationalpark.
Der sperlingsähnli-
che Siedelweber brü-
tet in einem großen
Gemeinschaftsnest,
dessen Dach zuerst
von mehreren
Vögeln errichtet
wird. Darunter
bauen dann die
Paare ihre Einzel-
nester, deren Ein-
gänge nur von
unten sichtbar sind.
Die Gemeinschafts-
nester werden oft
über Jahrzehnte hin-
weg benutzt.

Nächste Doppel-
seite: Eine Herde
Streifengnus. In
alten Darstellungen
wurden Gnus als
Tiere mit dem Vor-
derteil eines Rindes,
dem Hinterteil einer
Antilope und dem
Schwanz eines Pfer-
des gezeigt. Treffen-
der läßt sich das
Gnu wohl kaum
beschreiben.

127

Vorwiegend von Gräsern und Früchten, besonders wilden Melonen und Gurken, ernährt sich der Gemsbok (Oryxantilope). Diese wasserreiche Nahrung erlaubt es ihm, auch lange Trockenperioden mühelos zu überstehen.

Einen guten Aussichtsplatz hat sich der Fahlgeier gesucht. Von hier hält er Ausschau nach einer Beute in der Weite der Savanne. Auch wenn verschiedene Fahlgeier-Kolonien noch einen beachtlichen Bestand aufweisen, zählt der Aasfresser, dessen Flügelspannweite beeindruckende 2,40 Meter betragen kann, doch zu den gefährdeten Geierarten Afrikas.

noch: die Tatsache, daß die Schwarzen «mit Christen auf eine Stufe gestellt wurden, verstieß gegen die Gesetze Gottes und gegen die natürlichen Unterschiede der Rasse und Farbe, so daß es unerträglich für jeden Christen war, sich unter ein solches Joch zu beugen», wie es in einer burischen Darstellung hieß. Außerdem erließ England ein Gesetz zum Schutz der Ureinwohner am Kap. Die Hottentotten sollten menschlich behandelt und mit Geld, statt mit Alkohol und Lebensmitteln, bezahlt werden.

Ihre Sklaven durften die Buren nur noch zwölf Stunden arbeiten lassen, die Zahl der Peitschenhiebe war vorgeschrieben und mußte zudem schriftlich festgehalten werden – das empfanden die Buren, die oftmals Analphabeten waren, als besondere Strafe. Für sie war es folglich naheliegend, über Auswanderung nachzudenken. Ende 1835 und verstärkt 1836 verließen Scharen von Buren die Kolonie. Verschiedene Expeditionen hatten ihnen von fruchtbaren und fast menschenleeren Ländereien, besonders in Natal, berichtet. So luden sie ihre Habe auf Ochsenwagen und zogen mit ihren Herden gen Norden, mal als einzelne Familie oder auch in Gruppen von mehreren hundert Personen.

Dieser bis heute von den Afrikaanern verherrlichte Auszug, der «groot trek», kam erst zu Beginn dieses Jahrhunderts zum Stillstand. Piet Retief, der Führer der Voortrekker, verfaßte 1837 ein bewegendes, zehn Punkte umfassendes Schreiben, worin es unter anderem heißt: «Wir verlassen das fruchtbare Land unserer Väter, in dem wir so viel gelitten haben, und betreten ein wildes und gefährliches Land.»

Die Voortrekker unterschieden sich durch ihre politische Motivation von den Trekburen. Statt nur neue Weidegründe zu suchen, wollten sie vor allen Dingen der britischen Bevormundung und der allgegenwärtigen «swart gevaar» entrinnen. Ihre Bibel, das Alte Testament, schien ihnen Recht zu geben. Der Missionar John Mackenzie – dem britischen Zeitgeist entsprechend kein Freund der Buren – schrieb: «Sie sind aufgrund eines einzigartigen Denkvorganges davon überzeugt, daß sie Gottes auserwähltes Volk sind und daß die Schwarzen die sündigen und verworfenen Kanaaniter seien.»

Die Strapazen der Reise, die Nacht- und Kampflager der Buren in einer Wagenburg aus Ochsenkarren und die Bibelstunden bei flackerndem Kerzenlicht ließen den Großen Treck zur Legende werden. So wuchs jene Generation heran, die um die Wende zu diesem Jahrhundert Südafrikas Geschicke lenken und als Guerilleros heldenhaft gegen das mächtige England kämpfen würde. Einer von ihnen war Paul Krüger, der spätere erste Präsident der Republik Südafrika. Er hat nie richtig schreiben und lesen gelernt. Doch mit elf Jahren soll er seinen ersten Kaffer, mit vierzehn seinen ersten Löwen geschossen haben.

Der Zug in Richtung Norden durch die Ebene der Großen Karoo kam weitgehend ungehindert voran. Doch der Treck nach Osten zu den Drakensbergen stieß auf die kampferprobten Zulu. Da schien Verhandlung geboten: Der Führer der Voortrekker, Piet Retief, ging in den Kraal des Häuptlings Dingane, dem Mörder Shakas. Dort nahm er eine mit einem Kreuz unterzeichnete Erklärung entgegen, worin die Buren «den Port Natal genannten Ort sowie alles umliegende Land von der Küste bis zum Norden» erhalten sollten. Die anschließenden Feierlichkeiten gipfelten jedoch in einer Tragödie: Dingane ließ alle 71 Weißen und ihre 30 Diener in der Mitte des Kraals niedermetzeln.

Diesen Verrat haben die Weißen nie vergeben. Im Voortrekker Monument bei Pretoria, einem klobigen Prachtdenkmal, ließen die Buren nach ihrer Machtübernahme 1948 ein detailliertes Steinrelief vollenden, das ihre mehr als hundert Jahre zuvor verübte Rache darstellt: Im Dezember 1838 zog Andries Pretorius als Führer der Voortrekker mit 460 Mann und 75 Ochsenwagen Munition gegen Dinganes Hauptstadt Mgungundlovu. Im Morgengrauen des 16. Dezember griff Dingane mit 12000 Kriegern die burische Wagenburg am Fluß Ncome an. Schätzungsweise 3000 der speerbewaffneten Zulu starben im Kugelhagel. Seitdem heißt der Fluß im Sprachgebrauch der Weißen «Blood River» (Blutfluß).

Gut ein Jahr nach der Schlacht wurde die erste Burenrepublik, genannt Natalia, gegründet. Für militante Afrikaaner ist das Territorium zwischen den Flüssen Tugela und

Aus taktischen Erwägungen forderten die Briten 1879 die Zulu zum Kampf heraus: Hatte man sie bis dahin gegen den gemeinsamen Feind, die Buren, in Schutz genommen, so erschien nun die Gelegenheit günstig, die Zulu zu unterwerfen und sich damit bei der Bevölkerung in Transvaal populär zu machen.

Oben: «Sir Garnet Wolseley verleiht Major Chard im Inkwenke Camp das Victoria-Kreuz» für die Verteidigung von Rorke's Drift (Holzstich von 1879).

Unten: «Zuluhäuptlinge unterzeichnen das Friedensabkommen, Ulundi, 1. September 1879» (Holzstich von 1879).

Rechte Seite: Die Brüder Sukani und Umginlana sowie andere Zulu-Häuptlinge ergeben sich am 14. April 1879 dem britischen Gouverneur von Natal und Transvaal, Sir Garnet Wolseley (Holzstich von 1879).

Umvaloos bis auf den heutigen Tag ein von den Vorvätern rechtmäßig erworbenes Gebiet. Bei den Verhandlungen über Südafrika nach der Apartheid verlangten die radikalen Buren hartnäckig «die Rückgabe» von Natalia sowie der ehemaligen Republiken Oranje-Freistaat und Transvaal.

Aus schwarzer Sicht war die kurzlebige Burenrepublik, die mit der britischen Annexion von Natal im Jahr 1845 ihr Ende fand, ein schlimmes Kapitel. 50 000 Eingeborene, die meisten davon im Dienst von 6000 weißen Herren, mußten Blechmarken um den Hals tragen, in die ihr Name und der ihres Herrn eingetragen waren. Als ungefähr die Hälfte der burischen Siedler freiwillig vor den verhaßten Briten wieder über die Berge zurücktreckten, um sich in dem Gebiet zwischen den Flüssen Oranje und Vaal niederzu-

lassen, waren sie besonders erleichtert. In diesem Gebiet lebten die Buren vom britischen Liberalismus – oder dem, was man damals dafür hielt – weitgehend unbeeinflußt und verhielten sich entsprechend: Schwarze Arbeitskräfte wurden bei Jagdexpeditionen gefangen, manchmal auch gekauft. Die Buren handelten damit nach dem Grundprinzip der weißen Besiedlung im Süden Afrikas, das bis heute unverändert gilt: Ohne schwarze Muskelkraft wäre der Subkontinent noch immer öde und leer.

Alle Weißen ins Meer

Die Engländer am Kap betrachteten die Buren, die sich selbst befreit hatten, mit einer Art verwundertem Haß. Aber letztendlich waren die Voortrekker nur ein kleiner Teil der weißen Bevölkerung. Gleichzeitig gingen die Kriege an der Ostgrenze der Kapkolonie weiter, auch nach der Annexion des Gebiets zwischen den Flüssen Keiskamma und Großer Kei, das nun «British Kaffraria» genannt wurde. Erst ein bis heute rätselhafter nationaler Selbstmord der Xhosa sorgte für Ruhe – Friedhofsruhe.

Nach Ausbruch des Burenkriegs (1899 bis 1902) wurden alle waffenfähigen Männer eingezogen. Hier eine ehemalige burische Polizeieinheit vor dem Ausritt zu einem Erkundungsvorstoß (Foto um 1900).

Zu Beginn des Kriegs gingen die Buren in die Offensive. Obwohl sie nicht dafür ausgerüstet waren, ließen sie sich auf lange Belagerungen britischer Garnisonen ein, wie etwa unter dem Kommando des Generals Cronje (mit Peitsche) bei Mafeking (Foto um 1900).

Col. Henderson   Van Velden   Major Watson   H Fraser   Major Maxwell   H. De Jager
De Wet.   Genl Louis Botha   Lord Kitchener   Col Hamilton

Um 1856 erfuhr ein Mädchen namens Nongqawuse in einer Vision von seinen Ahnen, daß alle Weißen ins Meer getrieben würden und großer Reichtum beginnen werde, wenn die Xhosa ihr Vieh töten, ihre Vorräte zerstören und nicht mehr säen würden. Zwischen Oktober 1856 und Februar 1857 wurden 85 Prozent des Viehbestandes, etwa 400 000 Stück, vernichtet. In der Folge starben 20 000 (von 105 000) Xhosa in British Kaffraria, mehrere zehntausend Menschen mußten auswandern.

In den entvölkerten Landstrichen wurden unter anderem einige tausend Deutsche angesiedelt, die zum Teil als Söldner aus dem Krimkrieg kamen oder Bauern aus Norddeutschland waren. Der ahnungslose Reisende traut seinen Augen nicht, wenn er heute auf staubigen Ortsschildern im Osten der damaligen Kapkolonie Hamburg oder Berlin, Potsdam und Lübeck liest.

Bis 1866 herrschte zwischen den britischen Besitzungen und den Burenrepubliken eine labile Akzeptanz. Doch dann fand Danny Jacobs, ein Burenjunge aus Hopetown am Oranje, auf der Farm seines Vaters einen Stein, der an einer Ecke geheimnisvoll glitzerte. Nachdem man zu Testzwecken damit eine Fensterscheibe im elterlichen Bauernhaus zerschnitten hatte, stand fest: In Südafrika war der erste Diamant gefunden worden. Er wog 21 Karat. Man nannte ihn «Eureka», und der Erlös brachte 10 000 Goldmark. Kurze Zeit später ist aus der Kabinettsrunde folgender Ausruf eines Ministers überliefert: «Meine Herren, das ist das Gestein, auf das der Erfolg Südafrikas künftig gebaut wird.»

Diamantenrausch und Krieg gegen ein Weltreich

Wirtschaftlich gesehen war dies der Wendepunkt in der Geschichte Südafrikas. Das Land war reich, steinreich. Das schürte die Begehrlichkeiten und führte zum erbitterten Krieg zwischen Buren und Engländern. Vorbei war es zunächst mit dem Freiheitstraum der Afrikaaner: Der 1854 proklamierte Oranje-Freistaat wurde nach den Diamantenfunden

teilweise annektiert. In Scharen kamen Glücksritter aus aller Welt. Um 1870 gruben etwa 30 000 Menschen im sogenannten Big Hole, dem größten von Menschenhand geschaf- fenen Krater der Welt. Mit einer Tiefe bis zu 400 Meter und etwa eineinhalb Kilometern Durchmesser ist der Krater heute eine der Touristenattraktionen von Kimberley, wo auch der weltumspannende südafrikanische Diamantenkonzern De Beers seine Wurzeln hat.

Der Burenstaat Transvaal, damals schon Republik Südafrika genannt, konnte den Briten nur wenig länger widerstehen. Obwohl der Staat im Januar 1852 von London aner- kannt worden war, ritt Sir Theophilus Shepstone Ende Januar 1871 mit einer kleinen Truppe in die Hauptstadt Pretoria ein. Die Übernahme als britische Kronkolonie verlief erstaunlich glatt, die kämpferischen Buren wehrten sich mit keinem Schuß. Deswegen wird bis heute der Verdacht gehegt, daß es geheime Absprachen gab: Die Engländer mußten – einer gerade einflußreichen liberalen Strömung in London folgend – etwas für die unterdrückten Schwarzen tun. Die Buren wurden mit der Zusicherung beruhigt, man werde es nicht zu weit treiben.

Folglich enthielt die offizielle Verlautbarung nach dem Einzug in Pretoria den doppel- deutigen Passus: «Für Weiße und Farbige gilt gleiches Recht. Aber dieses Prinzip beinhal- tet nicht die Verleihung gleicher Bürgerrechte wie das Wahlrecht für Wilde oder andere bürgerliche Privilegien, die mit ihrem unzivilisierten Status unvereinbar sind.» Mit ande- ren Worten: es blieb fast alles beim Alten. Sicher ist, daß das plötzliche britische Interesse am wilden Landesinneren aus Meldungen rührte, nach denen in Transvaal unglaubliche Schätze lagerten, neben Diamanten auch noch Gold und Kupfer.

Der Reichtum barg für die bäuerlichen, bibelfesten Buren ganz neue Gefahren. Das Minencamp Johannesburg entstand in Windeseile und zog sowohl Verlockungen wie Gefährdungen nach sich: Huren und Glücksspiel, Tingeltangel und wüste Schießereien

auf offener Straße. 1895 stellten die Buren in Transvaal nur noch ein Drittel der weißen
Bevölkerung. Für den bescheiden-frommen Präsidenten Paul Krüger waren die «uitlanders» ein Greuel, sie waren «ein neuer Fluch – Baal, Moloch, Mammon». Der Vater von
neun Söhnen und sieben Töchtern ist nicht nur wegen seiner Marotte, bei Empfängen
warme Milch statt Champagner anzubieten, legendär.

England als das Böse schlechthin war sein Feind. Was lag da näher, als mit den
unlängst – in Südwestafrika – auf den Kolonialgeschmack gekommenen Deutschen zu
liebäugeln.

Auch Kanzler Bismarck konnte nicht verhindern, daß deutsche Geschäftsleute die
Gunst der Stunde nutzten. Mit Holländern zusammen ermöglichten sie den Bau
einer Eisenbahnlinie vom goldreichen Hochplateau, dem Witwatersrand, zum Hafen
Lourenço Marques in Portugiesisch-Ostafrika. Den Briten und ihrem Statthalter am Kap,
dem kaum minder legendären Cecil Rhodes, mußte die burisch-deutsche Verbindung als
feindseliger Akt erscheinen.

Energisch, rücksichtslos und nicht weniger rassistisch als Krüger, verband er geschickt
Politik und Geschäft. Rhodes' Traum, Kapstadt und Kairo mit einer Eisenbahn über briti-
sches Territorium zu verbinden, sollte sich jedoch nicht erfüllen. Vielmehr kostete ihn
ein in Kapstadt angezettelter Putschversuch den Gouverneursposten. «Krügerismus»
wurde die patriotische Stimmung genannt, die den Vorabend des Burenkrieges prägte.
Selbst auf Afrikaaner im liberaleren Kapstadt sprang der Funke über. Für Gouverneur
Lord Alfred Milner gab es nur zwei Lösungen: «Reform in Transvaal oder Krieg». Von Paul
Krüger ist überliefert, daß er sich beim letzten Treffen mit dem Briten, als dieser das Wahlrecht für die «uitlanders» verlangte, beschwert habe: «Ihr wollt nicht das Wahlrecht, ihr
wollt mein Land.» Das war im September 1899.

Ein Landungssteg in Port Elizabeth. Zur Entstehungszeit dieses Fotos war die Stadt an der Algoa Bay noch ein beschaulicher Ort. Heute bestimmen Schnellstraßen das Stadtbild, und die viktorianischen Bauten werden von Hochhäusern überragt (Foto um 1905/1910).

Die Church Street zieht sich in West-Ost-Richtung über 18 Kilometer durch Pretoria. Schon 1935, als diese Aufnahme gemacht wurde, war sie eine Hauptverkehrsader der Stadt.

Doppeldeckerbusse besorgten 1920 den öffentlichen Verkehr in Durban. Zwischen den viktorianischen und den indisch beeinflußten Bauten an der West Street stehen heute Hochhäuser.

Aus den Namen der beiden Anführer der burischen Voortrekker Pieter Retief und Gerrit Maritz wurde die Ortsbezeichnung Pietermaritzburg gebildet. Auf der Aufnahme der Long Street aus dem Jahr 1920 wirkt die Stadt allerdings eher «britisch». Kein Wunder, denn nur 13 Jahre nach ihrer Gründung 1839 übernahmen die Briten die Hauptstadt Natals.

Während sich die meisten Südafrikaner um die Jahrhundertwende noch mit der Pferdetram fortbewegten ...

... läutete das erste Automobil 1897 in Südafrika das Zeitalter des motorisierten Individualverkehrs ein. Es wurde von der Firma Benz in Mannheim gebaut.

Wenige Wochen später begann der Krieg des Weltreiches gegen eine kleine Schar tapferer Buren. In Afrikaans wird bis heute vom «vryheids oorlog», dem Freiheitskrieg, gesprochen. Große Teile der Welt sympathisierten mit den Buren. Selbst in England schrieb der junge Kriegsberichterstatter Winston Churchill – der spätere Premier – in kaum verhohlener Bewunderung: «Am frühen Morgen durch den Regen reitend […] jeder von ihnen ein Scharfschütze, jeder von ihnen gewohnt, seine eigenen Entscheidungen zu treffen […]. Sie verlassen sich auf zwei Dinge: Auf ihre eiserne Kondition und darauf, daß ihr Gott des Alten Testaments die Amalekiter schlagen und in alle Winde zerstreuen wird.»

Rund fünfzig Jahre später begehen die Buren, als Machthaber nunmehr selbst mit Freiheitskämpfern, Schwarzen diesmal, konfrontiert, die gleichen Fehler wie einst die Engländer. Zu Tausenden landeten burische Frauen und Kinder während des Kriegs um die Jahrhundertwende in britischen Konzentrationslagern, viele starben. Fast tragisch, daß aus den Opfern Täter wurden, die viele tausend schwarze Menschenleben im Namen der Apartheid vernichteten.

Die militärische Niederlage der Buren vollzog sich in zwei Phasen. Nach Anfangserfolgen dank ihrer modernen Bewaffnung mit Kanonen von Krupp und Mauser-Gewehren, unterlagen sie schließlich der englischen Übermacht und Kriegskunst. Im März 1900 wurde Bloemfontein, die Hauptstadt des Oranje-Freistaats, im Juni Pretoria, jene von Transvaal, besetzt. Todesmutig gingen die Buren nun zur Guerilla über, als kleine mobile Kommandos, die überall und nirgends waren. Die Briten reagierten mit so viel Grausamkeit, daß im Londoner Unterhaus von einem Liberalen der Satz fiel: «Ein Krieg, der mit so barbarischen Methoden geführt wird, ist kein Krieg mehr.»

Der britische Feldherr, Lord Horatio Kitchener, dachte darüber ganz anders. Zur Jahreswende 1901 stellte er befriedigt fest, man habe im Burenland «praktisch eine Wüste» angerichtet. 30 000 Höfe wurden niedergebrannt, das Vieh getötet, die Menschen vertrieben oder gefangengenommen. 1902, im Frieden von Vereeniging, unterwarfen sich die weißen Afrikaaner dem britischen König und erhielten als spätes Indiz britischer Fairneß drei Millionen Pfund Wiederaufbauhilfe.

Mit Pastoren und Geheimgesellschaften zur Apartheid

Die Buren waren zwar auf dem Schlachtfeld unterlegen. Doch schon 1910 gründeten die zwei alten Republiken, gemeinsam mit Natal und der Kapkolonie, die Südafrikanische Union. Nun war der burische Aufstieg zur Macht unaufhaltsam. Großbritannien wird zu Recht der Vorwurf gemacht, daß es nach seinem Sieg versäumt hatte – wohl mit Rücksicht auf die geschundene Ehre der Buren –, das eigene, zunehmend liberalere Gedankengut auch am Kap durchzusetzen. Vielmehr wurden die Weichen für die knapp vierzig Jahre später legalisierte Politik der Rassentrennung, der Apartheid, gestellt. So hieß es schon 1917 offiziell: «Es darf keine Blutsvermischung zwischen den Farbigen mehr geben […].» Paragraph um Paragraph, Baustein für Baustein wurde der brasilianische Weg des gleichberechtigten Miteinanders als mögliche Lösung für die Rassenvielfalt in Südafrika verbaut.

Kein Wunder, daß in dieser Zeit die Gründung der bis heute mächtigsten politischen Organisation der Schwarzen fällt: Der ANC (African National Congress), so genannt seit 1923, ging aus dem 1912 gebildeten South African Native National Congress hervor. Die ersten Jahrzehnte waren schwer für die Freiheitskämpfer. Sie waren arm und chancenlos, die Repression war brutal. Denn zumindest in diesem Punkt waren sich die verfeindeten Weißen, Engländer und Buren, immer einig: Die Schwarzen mußten am unteren Ende der gesellschaftlichen Skala bleiben, damit sie als billige Arbeitskräfte zur Verfügung stünden. Lord Milner schrieb später, er hätte dem Frieden von Vereeniging niemals zugestimmt, wenn er «die zügellosen Vorurteile fast aller Weißen gegenüber Konzessionen an die Schwarzen geahnt hätte».

Das 1685 erbaute Weingut Groot Constantia (Foto um 1895).

Eine Straußenfarm in der Kleinen Karoo (Foto um 1895).

Schon damals hatten die schwarzen Nationalisten – ja sie haben es bis heute – Probleme mit der Gemeinsamkeit: Sie verbindet weder Sprache noch Geschichte, noch Religion. Die Zulu zum Beispiel galten, und gelten noch immer, als besonders kriegerisch. Sie sind ein Volk im Volke. Die offenkundige Gemeinsamkeit der Schwarzen, ihre Hautfarbe, war und ist kein dauerhaft verbindendes Element. Das unterscheidet sie von den Buren. Vordenker ihrer Nation waren die Pfarrer von der Niederländisch-Reformieten Kirche und vor allen Dingen der «Broederbond» (Bruderbund), eine verschworene Geheimgesellschaft. Erst nachdem diese beiden Stützen der burischen Gesellschaft grünes Licht für eine Veränderung des Rassendogmas gegeben hatten, konnte sich auch die Politik am Kap ändern.

Dank der Hetze in den Gotteshäusern und bei konspirativen Versammlungen des «Broederbond» blieb der Haß auf die Engländer stark ausgeprägt. Nur knapp, mit 80 gegen 67 Stimmen, setzte deshalb Premierminister Jan Smuts 1939 Südafrikas Eintritt in den Krieg gegen die Deutschen durch.

Smuts Motive: Der von Buren abstammende Smuts war ein Freund Churchills, und er suchte den Ausgleich mit den Briten. Vielen seiner Landsleute erschien er deswegen als Verräter. Sie hatten sich im bewußten Rückgriff auf die Treckertradition landesweit zur «Ossewa Brandwag», zur Ochsenwagen-Brandwache, zusammengeschlossen, «eine Art Gestapo», wie Jan Smuts kritisierte. Ihre Sympathien für die Nationalsozialisten waren offenkundig. Nach dem Krieg und dem äußerst knappen Wahlsieg der Nationalen 1948 besetzten sie zahlreiche einflußreiche Positionen. Einer ihrer Prominentesten war «General» Vorster, der spätere Premierminister und Präsident.

«Kaffernschießen», nur so

Bis heute gilt es in Südafrika zu unterscheiden. Es gibt die Buren nördlich und jene südlich des Oranje. Einige der schlimmsten Exzesse in den Jahrzehnten der Apartheid ereigneten sich – nicht nur, aber doch häufig – im Norden. In der riesigen Weite, unter den rauhen Bedingungen Afrikas, geschah, nur ein Beispiel, folgendes: Mitte der achtziger Jahre berichteten südafrikanische Zeitungen über drei junge Männer, weiß und afrikaanssprachig, die von der Kaninchenjagd heimgekehrt waren.

«Nur so», sagten sie später vor dem Richter aus, hatten sie aus ihrem fahrenden Auto auf vier schwarze Fußgänger geschossen, die ins Krankenhaus mußten. «Kaffernschießen» hieß so etwas landläufig. In diesem Fall hatten die drei Schützen das Pech, eines ihrer Opfer in unmittelbarer Nähe einer Polizeistation niedergestreckt zu haben. Sie wurden zu Geldstrafen und Gefängnis auf Bewährung verurteilt.

Die traditionell liberalen Buren am Kap dagegen ebneten vielfach den Weg für Veränderungen. Sie trugen etwa zu Abschlitterungen des monolithischen Machtapparates bei, zur Unterteilung in «Verligte», das sind die «Aufgeklärten», die eine stärkere Anpassung an die Zeitumstände für nötig hielten, und «Verkrampte», die krampfhaft weiterhin eine harte Linie vertraten.

Es war kein Zufall, daß die ersten ernsthaften Schritte zur Abschaffung der Apartheid in die Amtszeit von Pieter Willem Botha fielen, der vorher langjähriger Parteivorsitzender am Kap gewesen war. Unvergessen und für manche empörend war die Szene, als Botha nach seiner Ernennung farbigen Arbeitern im Parlamentsgarten von Kapstadt die Hände schüttelte. Der Sprecher der burischen Fanatiker, Terre Blanche, gab daraufhin seinem Hund, einem struppigen Bastard, den Namen Botha.

Auch bei der bereits vor Jahren erfolgten Aufhebung der Apartheid in Bussen, ein kleines Beispiel von vielen, war das liberale Kapstadt Vorbild. Übergangsweise sollten die Schwarzen in den Doppeldeckerbussen oben, die Weißen unten sitzen. Die Vorschrift galt nur wenige Wochen. Weiße Fahrgäste empörten sich, wenn vor allem ältere Farbige oder schwarze Mitreisende die steilen Stufen hinaufklettern sollten. Der Sieg über die Apartheid vollzog sich in winzigen Schritten.

Das auserwählte Volk

Die legalisierte Rassentrennung sollte natürlich den weißen Interessen dienen. Strittig ist bis heute, zumindest unter weißen Südafrikanern, ob die Wurzeln des Unrechtssystems im Rassismus schlechthin oder mehr noch im burischen Nationalismus gründete. War Apartheid, jedenfalls vom Ansatz her, ein gutgemeinter Versuch, die vertrackten Rassenprobleme im Süden Afrikas friedlich zu lösen – wie es zum Beispiel Mitglieder der letzten weißen Regierung unter Präsident De Klerk interpretierten – ein Versuch, der fürchterlich mißlang? Oder war ausschlaggebend, daß die Buren in ihrem Wahn, das auserwählte Volk zu sein, ihren Status als Herrenmenschen auf immer und ewig festlegen wollten?

Fest steht jedenfalls, daß ein Deutscher ganz wesentlich dazu beitrug, die Buren auf ihren Irrweg zu locken. Der Missionarssohn Werner W. Max Eiselen gilt als Erfinder der Apartheidsdoktrin. Er predigte die räumliche Trennung der Rassen. Eiselen gebot allerdings auch eine umfassende Förderung des Bildungswesens für Schwarze, statt der später praktizierten Vernachlässigung.

Am 3. Juni 1948 – nach einem knappen Wahlsieg der Nationalisten – bildete Pastor Daniel François Malan eine neue Regierung. Sie bestand ausschließlich aus Buren, die Gegner des Kriegseintritts gewesen waren. Auf die Burengeneräle folgte somit ein ausgeprägter britischer Nationalist. Die Einführung der Apartheid wurde systematisch, aber ohne Überstürzung vorgenommen. Eine Flut von Gesetzen verschlechterte nach und nach die Stellung der Nichtweißen. 1949 wurden Mischehen zwischen Weißen und Andersfarbigen untersagt, ab 1950 stand außerehelicher Geschlechtsverkehr Weißer und Nichtweißer unter Strafe. Im gleichen Jahr wurde die Trennung der Rassen im Gesetz über die Registrierung der Bevölkerung verfügt. Dieses Gesetz sah die obligatorische Einteilung aller Südafrikaner in drei Rassengruppen vor: Weiße, Farbige (Coloureds) und

148

Fortsetzung Seite 167

Linke Seite: Ordensschwestern führen afrikanische Mädchen in Transvaal zur Feldarbeit (Foto um 1945).

Das Tragen von Lasten auf dem Kopf ist bis heute üblich (Foto von 1928).

Schmiede einer katholischen Mission. An der Unterwerfung der afrikanischen Gesellschaft unter die europäische Herrschaft ist die Mission nicht ganz schuldlos. Durch ihr Angebot an Schulen und praktischer Ausbildung in Handwerk und Landwirtschaft verbesserte sie jedoch die Chancen der Schwarzen auf dem Arbeitsmarkt (Foto um 1945).

149

KWAZULU/NATAL · TRANSKEI
ÖSTLICHER FREISTAAT

Nach dem Durchfahren einer kleineren Exklave der Transkei sind wir in
Natal mit den typischen Zuckerrohrplantagen. Die Hütten der Schwarzen
stehen hier in kleinen Gärten oder auf wohlbestellten Feldchen. Es
empfiehlt sich, für die Fortsetzung der Fahrt nach Durban die
Küstenstraße zu benutzen. Hier wird man in eine bunte subtropische Welt
getaucht. Der Straße entlang reihen sich Ketten von Obst- und
Gemüseständen; Körbe, Tonkrüge, Haushaltswaren und Batiken gibt es in
buntem Wechsel zu kaufen.

Harald R. Bilger

Dem Rathaus von Belfast nachgebildet ist die 1910 fertiggestellte City Hall von Durban. Wie bei seinem irischen Vorbild überragt eine große kupfergedeckte Kuppel das Durbaner Rathaus. Vor dem Portal mahnt eine Christussäule die Würdenträger der Stadt an ihren christlichen Auftrag.

Nächste Doppelseite: Von der Begrenzung der Hafeneinfahrt im Süden bis zur Blauen Lagune im Norden erstreckt sich über acht Kilometer Durbans wunderschöner Strand. In der Saison ist auf der berühmten «Goldenen Meile», der Marine Parade mit ihren luxuriösen Hotels und Ferienwohnungen, kaum ein freies Bett zu finden.

TELL IT TO THE GENERATION FOLLOWING

EXCEPT A CORN OF WHEAT FALL INTO THE GROUND AND DIE IT ABIDETH ALONE BUT IF IT DIE IT BRINGETH FORTH MUCH FRUIT

Standbild von Sir John Robinson, dem ersten Premierminister von Natal, auf dem Francis Farewell Square in Durban.
Einer Gruppe von Händlern unter der Führung von Francis Farewell gefiel die Bucht am Indischen Ozean 1823 so gut, daß sie im folgenden Jahr wiederkehrte. Sie gründete an der von dichtem Wald und Mangrovensümpfen umgebenen Stelle eine Siedlung: das spätere Durban.

An der Strandpromenade von Durban warten bunt kostümierte Rikschafahrer auf Kundschaft. Früher fuhren Hunderte von ihnen in der ganzen Stadt. Heute stehen wegen des angewachsenen Autoverkehrs nur noch wenige der prächtig geschmückten zweirädrigen Wagen für kleinere Fahrten an der «Goldenen Meile» bereit.

Mit seinem subtropischem Klima und dreihundert Sonnentagen im Jahr hat sich Durban zum bedeutendsten Ferienort an der Küste Südafrikas entwickelt. Über die Strandpromenade flanieren jährlich mehr als zwei Millionen Feriengäste.

Wegen der Kliffs und der tief in die Sandsteinfelsen eingeschnittenen Flußmündungen wird die Küste der früheren Transkei «Wild Coast» genannt. Das Meer ist demgegenüber – wie hier bei Port St. Johns – nicht ganz so wild: An den feinkörnigen Sandständen der zweihundert Kilometer langen Küste ist bei angenehm warmer Wassertemperatur das ganze Jahr Badesaison.

Vor der Küste von Mazeppa Bay liegt eine kleine Insel, zu der über die Brandung hinweg eine Hängebrücke führt.

Die Badeorte an der «Wild Coast» tragen Namen in der Sprache der Xhosa, die in der Provinz Ostkap ihr Hauptsiedlungsgebiet haben.

Nächste Doppelseite: Bizarre Felsformationen und Schluchten, durch die sich das Wasser der hier zahlreich entspringenden Quellen einen Weg ins Tal gebahnt hat, gehören zu den Höhepunkten des Royal-Natal-Nationalparks.

Oben und unten: Bärenpaviane mit ihren schwärzlich behaarten Pfoten – neben den Meerkatzen die einzige Affenart im Land – zählen zu den Attraktionen des Royal-Natal-Nationalparks. Als ungestüme Kämpfer werden sie wegen ihrer mächtigen Eckzähne selbst von Raubtieren gefürchtet.

Wie die anderen Tiere haben sich auch die Vögel an die unterschiedlichsten Lebensbedingungen Südafrikas angepaßt. Das Feucht- und Sumpfgebiet des St.-Lucia-Komplexes in Natal bietet vielen Vogelarten ideale Nist- und Brutplätze, wie etwa dem Braunkopfliest mit seinem leuchtend roten Schnabel.

Nach wie vor gilt die Bauchhaut des Nilkrokodils als kostbares Statussymbol – in Form von Geldbörsen, Handtaschen oder Schuhen. Dem Raubbau an der Natur begegnen private Krokodilfarmen, die lukrative Zuchtstationen wie hier bei Tongaat eingerichtet haben.

161

Seinen Namen verdankt der Golden-Gate-Highlands-Nationalpark den im Sonnenlicht goldgelb schimmernden Sandsteinfelsen. Wind und Regen haben über die Jahrtausende schroffe Steingebilde aus den Maluti-Bergen herausgearbeitet.

Auf einer Höhe von 1900 bis 2700 Metern erstreckt sich der Golden-Gate-Highlands-Nationalpark im Nordosten des Oranje-Freistaats. In diesem landschaftlich besonders reizvollen Naturreservat leben Antilopen, Weißschwanzgnus, graue Rehböcke und seltene Vogelarten wie Bartgeier und Adler.

An die hundert Meter in die Tiefe stürzt der Umgeni River: Besonders eindrucksvoll sind die tosenden Howick Falls nördlich von Pietermaritzburg zur Regenzeit, wenn der Wasserstand des Flusses stark ansteigt.

Nächste Doppelseite: Zuckerrohr-Plantage bei Port Shepstone. 1847 von der Insel Mauritius eingeführt, ist Zuckerrohr heute das wichtigste Anbauprodukt Natals. Die Zuckerrohrproduktion Südafrikas, von der der größte Teil aus Kwazulu/Natal stammt, deckt nicht nur den Eigenbedarf des Landes, sondern sichert auch beachtliche Exporterlöse.

Eines der großartig-
sten Naturreservate
Südafrikas ist der
St.-Lucia-Komplex.
Ältestes und größtes
Gebiet ist das
St. Lucia Game
Reserve mit dem
St.-Lucia-See und
seinen Inseln. In
Wirklichkeit ist der
See eine sechzig
Kilometer lange,
nur etwa zwei
Meter tiefe Lagune
mit einem sehr
engen Mündungs-
trichter zum Meer.
An seinem Westufer
liegt der False Bay
Park (Abbildung).

Schwarze. Bis zur weitgehenden Abschaffung dieses Eckpfeilers der Apartheid im Jahr 1991 blieb die Problematik der sogenannten Coloureds, der Mischlinge, unlösbar.

Die Einteilung der Schwarzen in Zulu, Sotho, Xhosa usw. ging einigermaßen glatt, wenn auch manchmal willkürlich vonstatten. Vor allen Dingen städtische Schwarze, die zu Hunderttausenden für die rasche Industrialisierung seit der Jahrhundertwende als Arbeitskräfte gebraucht wurden, hatten häufig untereinander geheiratet. Da konnte es schon mal vorkommen, daß – nach den Richtlinien der Apartheid – drei, vier oder fünf verschiedene Völker in einer Familie lebten.

Doch bei den Mischlingen versagte die Rassentrennung von Anfang an. Denn die Coloureds hatten Engländer und Hottentotten, Deutsche und Xhosa, vor allem aber Buren als Vorfahren. Bis heute sind ihre Nachnamen, ebenso wie ihre Muttersprache überwiegend Afrikaans. Der Versuch, «das Rührei auseinander zu rühren», wie eine englische Redeweise lautet, war somit von Anfang an zum Scheitern verurteilt.

Folglich haben sich die braunen Buren, «Mahlsteine zwischen Schwarz und Weiß», wie der farbige Schriftsteller Adam Small seinesgleichen nennt, von den weißen Brüdern abgesetzt. Vielfach lehrten sie ihre Kinder Englisch und erzogen sie nach britischem Vorbild. Politisch schlugen sich die jüngeren, gebildeten Stadtbewohner auf die Seite des ANC, aus Rache für die Ungerechtigkeiten unter dem Apartheidsystem.

Die Rasse: Ein Glücksspiel

Einige der scheußlichsten Kapitel der Geschichte der Apartheid werden in Zukunft mit den Schicksalen von Coloureds zu füllen sein. Manche sind blond und blauäugig, andere von einem Xhosa nicht zu unterscheiden – und das innerhalb einer Familie. Etliche lebten als Weiße, bekamen somit eine bessere Ausbildung, gute Jobs und eine ordentliche Wohnung. «Trying for white» – sich als Weißer auszugeben – setzte einen allerdings bei den eigenen Leuten der Verachtung aus. Andere hatten schwer unter der Rassendiskriminierung zu leiden.

Als «Unzucht» galt gemäß der Apartheidsordnung nicht nur der Verkehr mit Minderjährigen, sondern auch eine Sexualbeziehung zwischen Menschen verschiedener Hautfarben. Einige hundert Gerichtsverfahren in jedem Jahr waren nur die Spitze des Eisbergs, viele Weiße, darunter auch etliche Buren, riskierten den Seitensprung. Wenn Polizisten Unmoralisches im Schlafzimmer vermuteten, traten sie meist die Tür ein. So geschehen in Pretoria Ende der siebziger Jahre. Nachbarn hatten eine junge Frau angeschwärzt, die mit einem «schwarzen» Mann in ihre Wohnung gegangen war. Nachdem die Polizisten bereits im Schlafzimmer standen und Blitzlichtfotos des Paars im Bett gemacht hatten, konnte der Mann seine Kennkarte aus der Brieftasche nesteln und den mißtrauischen Rassenwächtern schwarz auf weiß beweisen, daß er – wenngleich dunkelhäutig – als Weißer eingestuft war.

Die Klassifizierung kam vielfach einem Glücksspiel gleich. Bei Findelkindern entschied der Eindruck von Krankenschwestern. Wer Pech hatte, wurde von Nachbarn denunziert. Da kam es dann oft zum berüchtigten Bleistifttest: Wenn der Stift nach mehrmaligen Kniebeugen nicht aus den Haaren fiel, war der Fall klar. Eine riesige Abteilung im Innenministerium war mit rassischen Einstufungen beschäftigt, bis hin zu mehreren hundert Anträgen im Jahr zur «Reklassifizierung». Quer durch die Rassenskala wurde hin- und hergeschoben. Aus Weißen wurden Farbige, aus Indern Schwarze. In umgekehrter Richtung vollzog sich die Veränderung kaum einmal.

Nicht eben selten wählten die Opfer des Rassenwahns den Freitod, bevor sie sich von der skandalfreudigen Presse des Landes bloßstellen ließen. Vor Jahren erschoß sich ein Abgeordneter der Nationalen Partei, die seit Jahren die Regierung stellte, aus dem konservativen Städtchen Excelsior im Oranje-Freistaat. Zusammen mit fünf anderen Buren war er angeklagt, gegen das Gesetz der Unzucht verstoßen zu haben. Der zuständige Magistrat hatte die Schule räumen lassen, um einen Gerichtssaal von ausreichender Größe bereitstellen zu können. Unter den Zuschauern waren auch etliche schwarze Frauen, die Mischlingskinder auf den Armen trugen. Der Fall sorgte weltweit für Schlagzeilen, und nach dem Selbstmord des Abgeordneten verfügte die Regierung in Pretoria die unverzügliche Einstellung des Verfahrens.

Peinlich für die südafrikanischen Verfechter der Apartheid war auch der Prozeß gegen den Bauern Pieter Neverling aus Schweizer-Reneke, der sich vor Gericht freimütig zum «ältesten Burensport» bekannte: Unter einem Dornenbusch im Rinderkraal hatte der Dreiundachtzigjährige ein fünfzehn Jahre altes schwarzes Mädchen «vernascht». Alles Zetern der geistlichen Obrigkeit, sein Pfarrer hielt ihn gar «vom Teufel besessen», sowie das verbissene Schweigen von Regierungsstellen halfen nichts, der skurrile Alte hatte die Wahrheit gesprochen.

Am Problem der Coloureds läßt sich der ganze Wahnwitz der Apartheid nachweisen. Anders als bei den mehr schlecht als recht und auf zehn sogenannte «Homelands» aufgeteilten Schwarzen, gab es für die Mischlinge auch keine geographische Lösung. Die meisten von den heute mehr als drei Millionen Farbigen leben in der Kapprovinz, die auch als Heimat der Weißen gelten kann. Dort besaßen Coloureds das Wahlrecht, während die Schwarzen seit 1936 nur noch gesondert drei weiße Abgeordnete wählen konnten. Ab 1951 versuchte die Regierung, die Mischlinge auf den Status der Schwarzen herabzusetzen, was ihr mit Tricks schließlich 1956 gelang. Drei Jahre später wurde die schwarze, 1968 auch die Mitsprache der Coloureds im Parlament abgeschafft. Die Weißen waren nun unter sich.

Identität bewahren ...

Eine Blütezeit erlebte das System der Apartheid unter dem bis heute von vielen älteren Weißen als Vater der Rassentrennung verehrten, 1966 ermordeten Premierminister Hendrik Verwoerd. Er war nicht etwa ein alteingesessener Bure, sondern kam als Zweijähriger 1903 mit seinen Eltern aus Amsterdam. Ausgebildet als Psychologe lieferte er den Weißen zumindest theoretisch die Begründung für die Apartheid: Das spannungsreiche Miteinander der Rassen sollte durch ein friedliches Nebeneinander ersetzt werden. Jede ethnische Gruppe sollte sich in eigenen Territorien selbst regieren und so ihre «Identität bewahren».

Schon Verwoerds Nachfolger Balthazaar Johannes Vorster mußte einsehen, daß die Erfordernisse einer rapide wachsenden Industriegesellschaft in der Republik am Kap nur durch eine Lockerung der Rassendoktrin zu erfüllen war. Deswegen wurden in den siebziger Jahren die Maßnahmen und Gesetze der «job reservation» gelockert. Dies war ein perfides System, das alle guten und gutbezahlten Arbeitsplätze den Weißen vorbehielt. Vor allem in den riesigen Staatsbetrieben, die von der Nationalen Partei aufgebaut wurden, hatte das Unrecht groteske Dimensionen angenommen.

Vom Bergbau über die Forschung, bis zu Eisenbahn und Post, selbst der Dümmste und Faulste fand noch einen guten Job, bei dem ihm Schwarze unterstellt waren. So gab es zum Beispiel bei der Eisenbahn den Rangierer: Diese Berufsbezeichnung war für Weiße geschützt. Sie verdienten gut und machten sich selten die Hände schmutzig. Dafür gab es ja die Schwarzen. Die verdienten miserabel und kamen nie über den Rang eines Hilfsrangierers hinaus.

Noch bis in die achtziger Jahre sah man landauf, landab die gleichen Szenen: Überwiegend stämmige Weiße, in kurzen Hosen und mit breitkrempigen Hüten, sahen großen Scharen von gemächlich arbeitenden Schwarzen zu. Zwischendurch schnauzte der Vorarbeiter in polterndem Afrikaans, was sie denn heute wieder für faule Kaffern seien. Nicht mit Geld, sondern mit Peitschenhieben müsse man sie bezahlen. Zuweilen sauste die burische Ochsenpeitsche, «sjambok» genannt, nieder, wenn der «Baas» schlecht gelaunt war. Erst in jüngsten Jahren sind solche Szenen in der Öffentlichkeit selten geworden, selbst Farmer prügeln auf ihren riesigen Gütern kaum noch.

Bis zu Beginn der neunziger Jahre war Südafrika das einzige Land der Welt, das Rassentrennung per Gesetz vorschrieb.

Oben und unten: Um die Trennung der Rassen durchzusetzen, wurde ein kompliziertes Hinweissystem in der Öffentlichkeit notwendig: Ob an Parkbänken, Bahnsteigen oder Hotels, die Welt teilte sich in Weiße und Nichtweiße.

Mitte: Die Theorie des Nebeneinanders der Rassen galt letztlich nur den Vorteilen der Weißen: Sich selbst wiesen sie die angenehmen Lebens- und Arbeitsbereiche zu.

169

Mit einer Geldstrafe oder zwanzig Tagen Gefängnis mußte dieser Schwarze rechnen, der sich auf eine Parkbank gesetzt hat, die Weißen vorbehalten war.

Die Aufhebung der geschützten Arbeitsplätze für Weiße, sowie andere Lockerungen im System der Apartheid brachten nicht nur eine neue, mäßig wohlhabende schwarze Schicht hervor. Ein altes Problem entstand damit aufs Neue: In gleichem Maße, wie Schwarze in Facharbeiter- und Führungspositionen aufrückten, erhöhte sich die Zahl der arbeitslosen armen Weißen. Damit brach die Nationale Partei ein altes Versprechen.

Vollbeschäftigung für Weiße

Einstmals, bei ihrer Regierungsübernahme von Smuts' United Party (UP), gelobten die Nationalen, es werde nie mehr «arm blankes» geben. Das gefiel vor allem den verarmten Afrikaanern, die oftmals von der Scholle entwurzelt, als städtisches Industrieproletariat ihr Leben fristeten. Ein Untersuchungsbericht Ende der dreißiger Jahre ermittelte, daß rund 300 000 Menschen – oder 17,5 Prozent der weißen Bevölkerung – «sehr arm» waren. Die meisten davon sprachen damals, wie heute, afrikaans. Doch anders als vor über fünfzig Jahren konnte es sich nun keine Regierung in einem Entwicklungsland wie Südafrika mehr ökonomisch erlauben, auf die oft alkoholkranken armen Weißen immerwährend Rücksicht zu nehmen.

Das Mirakel weißer Vollbeschäftigung, bei guten Löhnen und wenig Arbeit, ohne Inflation und alles zu Billigstpreisen, in einem Land voller Überfluß und mit ewigem Sonnenschein, währte nur bis in die sechziger Jahre. Dann begann sich ein burischer Alptraum zu erfüllen, zunächst unter Vorster, dann unter Botha und erst Recht unter dem Erneuerer Frederik Willem de Klerk. Das paradiesische Dasein der weißen Herrenmenschen am Kap ging zu Ende, sie verloren nicht nur ihre wirtschaftlichen Privilegien, sondern auch die Tage ihrer alleinigen politischen Macht waren gezählt.

12. Juni 1964:
Afrikanische
Frauen und Män-
ner demonstrieren
vor dem Obersten
Gerichtshof in
Pretoria nach der
Verkündung der
lebenslangen Frei-
heitsstrafe für Nel-
son Mandela und
sieben seiner Mit-
streiter vom African
National Congress
(ANC; siehe auch
Seite 173).

Ab Mitte der fünfziger Jahre erkannten die Schwarzen, daß ihr Widerstand mit Prote-
sten – zum Beispiel gegen Fahrpreiserhöhungen – und mit Petitionen, nicht zum Ziel
führen würde. Die sanften Methoden Gandhis – waffenloser Kampf und ziviler Ungehor-
sam – der ebenfalls einige Jahre in Südafrika gelebt hatte, waren ganz offenkundig ungeeignet, die dickköpfigen Buren zur Räson zu bringen. Aussichtsreicher schien der Kampf
der Massen auf der Grundlage eines Programms, das 1955 bei einem Volkskongreß als
«Freiheits-Charta» verabschiedet wurde. Die Forderungen nach der Gleichberechtigung
aller Rassen sowie nach garantierten Menschen- und Bürgerrechten standen im Zentrum
des Programms. Schließlich ist in der «freedom charta» auch ein Passus verankert, mit
dem sich der ANC noch Anfang der neunziger Jahre bei den Verhandlungen über ein
Südafrika auf der Basis von Gleichberechtigung und Demokratie herumquälen sollte: die
auf sozialistischen Grundsätzen fußende Verstaatlichung von Schlüsselbereichen der
Wirtschaft, wie etwa der Banken und des Bergbaus. Zur gleichen Zeit schloß der ANC
enge Freundschaft mit zumeist weißen Liberalen und Kommunisten. Sie waren «die
einzigen Weißen, die uns halfen», betonte Mandela dazu später.

Die Charta bescherte Südafrikas schwarzen Führern den ersten großen Prozeß wegen
Hochverrats. Prozesse dieser Art waren später, im Namen der Apartheid, an der Tagesord-
nung. Auf diese Zeit geht auch der Bruch zwischen ANC und PAC (Pan-Africanist
Congress) zurück. Die Panafrikanisten dachten ähnlich ausschließlich wie die burischen
Nationalisten. Nach dem Ende der weißen Vorherrschaft sollten nur Schwarze das Sagen
haben.

Die Regierung hatte mittlerweile Paßgesetze eingeführt. Jeder Schwarze hatte das
plastikgebundene Büchlein mit allen Lebensdaten, vor allen Dingen aber mit einem
Vermerk des Arbeitgebers ständig bei sich zu tragen. Ein weiteres trauriges Kapitel der

Apartheid: Millionen wurden in Schnellgerichtsverfahren zu Kriminellen gemacht. Die vergitterten Fangwagen der Polizei waren überall unterwegs, Tag und Nacht. Schon wer seinen Paß beim Kauf einer Packung Zigaretten nicht in der Tasche hatte, wurde verhaftet. Manche kamen vom Gang zur Toilette erst zurück, nachdem sie eine Geldstrafe berappt hatten. Wiederholungstätern drohte das Arbeitslager.

Das Massaker von Sharpeville

Im Jahr 1960 planten sowohl ANC wie PAC große Kampagnen gegen die Paßgesetze. Am 21. März versammelte sich eine Volksmenge vor der Polizeiwache von Sharpeville, einer Schwarzensiedlung bei Vereeniging, im Süden des großen Industriegebietes in Transvaal. Es herrschte das bei afrikanischen Versammlungen übliche Gedränge. Die Polizei fühlte sich bedroht, hieß es später, und schoß in die Menge, die sofort die Flucht ergriff. 69 Tote und 180 zum Teil schwer Verletzte waren die Bilanz. Die meisten waren von Schüssen in den Rücken getroffen worden.

Die Nachricht über das Massaker von Sharpeville ging um die Welt. Über die Hintergründe wird bis heute gestritten. Niemand unterstellt ernsthaft, daß irgend jemand auf Regierungsseite das Blutbad befohlen hat. Allein, schon damals wurde klar, daß Südafrikas Sicherheitskräfte unendliche Freiräume hatten. Immer wieder sollte sich in den folgenden dreißig, zunehmend blutigen Jahren der Apartheid zeigen, daß sich die Offiziere häufig wie Burengeneräle verhielten. Ohne Rücksicht auf politische Folgen und ohne gar einen Gedanken an humanitäre Erwägungen zu verschwenden, gaben sie vielfach den Befehl «Feuer frei».

Die früher ausschließlich weißen Soldaten und Polizisten waren bei großen schwarzen Menschenaufläufen gänzlich überfordert. Schwarze kannten sie nur als devote Arbeitskräfte, die jederzeit «Ja, Baas» murmelten. Im Ohr die Erzählungen von Vätern und Großvätern über die grausamen Kaffern und im Herzen die Urängste aller Weißen in Afrika, saß ihnen der Finger am Abzugshebel ihrer Waffen locker. Solche Einstellung kostete viele tausend Menschenleben in Südafrika.

Die weiße Regierung reagierte auf Sharpeville erwartungsgemäß: Sie verhängte über große Teile des Landes den Ausnahmezustand und verbot ANC und PAC. Beide Organisationen gingen in den Untergrund oder ins Exil. Der PAC gründete die militante Befreiungsbewegung «Poqo», ein Wort aus der Sprache der Xhosa, das sowohl «rein» wie «allein» bedeutet. «Umkontho we Sizwe», Speer der Nation, hieß die Kampftruppe des ANC,

Links: Pieter Willem Botha (geboren 1916), von 1984 bis 1989 Staatspräsident der Republik Südafrika.

Mitte: Frederik Willem De Klerk, Staatspräsident von 1989 bis 1994. Er schaffte im Februar 1990 die Apartheid ab.

Rechts: Die Schriftstellerin Nadine Gordimer (geboren 1923) kämpft mit ihrem Werk gegen die politische Unterdrückung in Südafrika. 1991 erhielt sie den Literaturnobelpreis

die ihre Anschläge auf staatliche Einrichtungen konzentrierte, wobei Menschenleben möglichst geschont werden sollten.

Jeder, der sich heute fragt, wie eine kleine weiße Minderheit die große schwarze Mehrheit so lange in Schach halten konnte, wird auf die Sicherheitsdienste stoßen. Die Faustregel der Befreiungsbewegungen lautete, daß bei einem Treffen von zehn Untergrundkämpfern mindestens einer als Spitzel dabei war. Dies kostete die Weißen noch nicht einmal besonders viel. Wegen der insgesamt schlechten Löhne für Schwarze arbeiteten die Zuträger für wenig Geld. Außerdem wurde die Mitarbeit häufig erzwungen, etwa wenn ein Schwarzer gegen eines der vielen Apartheidsgesetze verstoßen hatte und ungeschoren davon kommen wollte.

So überraschte es eigentlich niemanden, daß die Widerstandsgruppen Anfang der sechziger Jahre im Nu zerrieben waren. 1963 gelang der Polizei eine spektakuläre Aktion: Sie hob das Hauptquartier von «Umkontho» in einem strohgedeckten Haus im Johannesburger Vorort Rivonia aus.

Nelson Mandela, der knapp dreißig Jahre später Präsident des ANC werden sollte, war schon 1962 verhaftet und zu fünf Jahren Gefängnis verurteilt worden. Schließlich erhielt er auf Grund des in Rivonia gefundenen Materials eine lebenslange Haftstrafe.

Nelson Mandela – Symbolfigur des Widerstands

Die Lebensstationen des großen Mannes sind weltbekannt: Nach Jahren in feuchten Kerkern und Steinbrüchen der Zuchthausinsel Robben Island in der Tafelbucht, wurde er schließlich aufs Festland verlegt. Nach Jahrzehnten der unglaublich tapfer ertragenen Isolierung erlaubte man ihm wieder erste Kontakte zu seiner Familie, den beiden Töchtern, die ihn nie wirklich gekannt hatten. Die Treffen mit seiner Frau Winnie, die mittlerweile eine fast ebenso bekannte und nur etwas weniger malträtierte Aktivistin gegen die Apartheid geworden war, lieferten Stoff für Bücher und Theaterstücke. Weltweit im Fernsehen übertragen wurde schließlich seine Freilassung im März 1990, es war eine späte Rechtfertigung und Genugtuung für den mittlerweile über Siebzigjährigen. Viele Schwarze, aber auch etliche Weiße, setzten nun ihre Hoffnung auf Mandela.

Die Einkerkerung Mandelas ist eine Warnung für alle Despoten. Selbst hinter dicken Gefängnismauern blieb er für sein Volk die Hoffnung, die es brauchte, um gegen den zunehmend brutalen Machtapparat weiterzukämpfen. Das zeigte sich bei den großen Schüler- und Studentenunruhen im Jahr 1976. Viele von denen, die den Aufstand prob-

ten und häufig einen blutigen Preis dafür bezahlten, waren noch nicht einmal geboren, als Mandela hinter Gittern verschwand. Dennoch riefen sie immer wieder seinen Namen.

Wie so oft, bedurfte es nur eines winzigen Funkens, um die Massen auf die Barrikaden zu bringen. Armut und Kriminalität, Polizeiterror und politische Frustration gärten bereits seit Jahren in Soweto. Das riesige Township im Südwesten von Johannesburg war für einige hunderttausend Schwarze auf dem Reißbrett entworfen und angelegt worden, die in sicherer Entfernung von ungefähr dreißig Kilometern, aber eben doch nicht zu weit von Johannesburg und ihren Arbeitsplätzen weg wohnen sollten. Tatsächlich wohnten damals bereits mehr als eine Million Menschen in Soweto und Anfang der neunziger Jahre waren es schon um die zwei Millionen.

Die Regierung hatte Afrikaans als Unterrichtssprache für einen Teil der Fächer an Sowetos Schulen verfügt. Daraufhin gingen 15 000 Schüler am 16. Juni 1976 auf die Straßen. Die Polizei verhielt sich noch schlimmer als in Sharpeville. Am ersten Tag wurden zwei Schulkinder erschossen. Als die Menge Steine aufhob und Straßensperren mit brennenen Autos baute, antworteten die Sicherheitskräfte mit Streufeuer aus automatischen Waffen. In den nächsten Wochen versank das ganze trostlose Getto in Rauch, Blut und Tränen. Die Unruhen dehnten sich landesweit aus. Die offizielle und wahrscheinlich viel zu niedrig angesetzte Bilanz: 575 Schwarze waren größtenteils von der Polizei erschossen, rund 2500 Menschen verletzt worden.

«Erst Befreiung, dann Erziehung»

Der Aufstand der Kinder und Jugendlichen von Soweto war in vielerlei Hinsicht ein wichtiger Wendepunkt in der Geschichte der Apartheid. Zwar hatten die jungen Leute nie die Chance, mit Gewalt die Macht zu übernehmen, dennoch zitterten die Mächtigen. Schwarze Arbeiter zeigten in drei landesweiten Streiks, wie einflußreich sie mittlerweile geworden waren: Alle Räder standen still. Die Gewerkschaften entwickelten sich in den folgenden Jahren zu mächtigen Organisationen, die zunehmend auch die politische Entrechtung ihrer Mitglieder bekämpften. Ernüchternd für die Regierung war auch die Reaktion des Auslands: Bis dahin galt Südafrika als Paradies für Investoren, in dem vor allen Dingen auch deutsche Firmen durch die niedrigen Löhne blendend verdienten. Doch die weltweite Empörung über die Massaker zwang die Regierungen in Bonn und Washington, London und Paris zum Handeln, und viele Unternehmen versprachen aufgeschreckt, Löhne und Arbeitsbedingungen verbessern zu wollen.

Besonders deutlich entwickelte sich seitdem ein Phänomen, das viele Besucher Südafrikas immer wieder verwundert hat: Die Wirtschaft steht im großen und ganzen links von der Regierung. Auch wenn dieser Umstand relativ zu werten ist, hängt er doch damit zusammen, daß das Wirtschaftsleben hauptsächlich anglo-südafrikanisch geprägt ist. Obwohl die Afrikaaner nach dem Wahlsieg der Nationalen von 1948 entschlossen durchsetzten, daß wichtige Schalthebel der Industrie mit ihren Leuten besetzt wurden, blieb Südafrikas Wirtschaftssprache immer Englisch. In Johannesburg residieren die mächtigen Konzerne, die, in den letzten fünfzehn Jahren der Apartheid mit wachsender Ungeduld, die Regierung kritisierten. Der weltumspannende Gold-, Diamanten- und Rohstoffkonzern der Oppenheimers aus Johannesburg etwa gilt seit Jahren als Wohltäter demokratischer Bestrebungen, der auch die Befreiungsbewegungen unterstützte.

Schließlich hatte der Aufstand von Soweto Folgen innerhalb der schwarzen Gesellschaft. Die jungen Leute lösten sich mit jedem Steinwurf, jedem Schuß der Sicherheitskräfte mehr von ihren Eltern. Sie verhöhnten sie als «Onkel Toms», als Schwächlinge, die schon viel zu lange das Joch der Weißen ertragen hätten. Die traurige Folge davon war schließlich, daß die Jungen ihre Eltern auslachten, als diese nach dem Jahre währenden Chaos die Wiederaufnahme eines geregelten Schulbetriebs forderten. Später, bei der nächsten Welle blutiger Gewalt in Südafrika, ab Mitte der achtziger Jahre, resultierte daraus die fatale Losung: «Erst Befreiung, dann Erziehung».

Die Idee der «Homelands»

Die Regierung in Pretoria steckte Nelson Mandela mehr als ein Vierteljahrhundert hinter Gitter, bevor sie sich mit ihm an den Verhandlungstisch setzte. Es war vertane Zeit, denn das maßgeschneiderte System, das sich die weiße Minderheit in dieser Zeit aufbaute, blieb immer nur Flickwerk. Die herrschenden Weißen wollten sich zur Mehrheit machen, indem sie die schwarze Mehrheit ausbürgerten, zu Ausländern erklärten. Das war so geplant: In einer absurden Verdrehung der wahren Verhältnisse und Bedürfnisse erhielt die das Fünffache der weißen Einwohner zählende schwarze Bevölkerungsmehrheit einige verstreute Gebiete als sogenannte «Homelands» zugewiesen. Mehr als achtzig Prozent des südafrikanischen Territoriums behielten die Weißen jedoch für sich.

Worum es bei der räumlich «getrennten Entwicklung der Rassen», wie die Apartheid in späteren Jahren beschönigend genannt wurde, wirklich ging, formulierte der wichtige Ideologe der Apartheid, Verwoerd: «Ich möchte unzweideutig feststellen, daß Südafrika den Weißen gehört, und daß sie hier die Herren bleiben müssen [...]. In den Reservaten erlauben wir den Eingeborenen, ihre eigenen Herren zu sein.» Das blieb die politische Leitidee der Regierungspartei. Südafrika sollte in möglichst viele «Nationen» aufgeteilt werden, um so den Weißen ein Überleben inmitten der rivalisierenden Stammesländer zu erleichtern.

«Nation» definierten die Herrscher nach eigenem Gutdünken und zu ihrem Vorteil. Warum zum Beispiel die Weißen, ein aus aller Welt bunt zusammengewürfelter Haufen, eine Nation sein sollten, entbehrte jeder Logik. Buren, Briten, Portugiesen, Deutsche, Italiener und Griechen, kaum ein Land der Welt, aus dem nicht Bürger ans Kap gekommen waren und kamen. Doch so lange sie nur weiß waren, sollten sie zusammengehören. Leicht machten es sich die amtlichen Rassenhüter nie mit ihrem Dogma. In den fünfziger und sechziger Jahren wollten viele Einwanderer aus Ländern des Mittelmeerraums nach

Südafrika kommen; die Regierung zögerte. Denn erstens wollte man nicht allzuviele Katholiken, zweitens waren die Hoffnungsvollen eben doch ziemlich dunkelhäutig. Im burischen Volksmund wurde von «Seekaffern» gesprochen.

Daß Südafrika ein Vielvölkerstaat ist, stand nie außer Frage. Doch der Versuch der Nationalen Partei, eine Ideologie daraus zu machen und darüber ein Land in Stücke zu zerschlagen, das ist wohl einzigartig. Die Gebiete der Schwarzen muteten ausnahmslos seltsam an. Die «Bantustans» bestanden überwiegend aus etlichen, räumlich voneinander getrennten Landflecken. Die wirtschaftlichen Gegebenheiten waren miserabel. Beispielsweise war in den drei Ländern Kwa Zulu, in dem Zulu leben sollten, Transkei und Ciskei, gedacht für Xhosa, entlang der Ostküste bestenfalls Landwirtschaft zu betreiben. Doch dafür hätte investiert werden müssen, in Infrastruktur, Ausbildung und vieles mehr. Tatsächlich verkamen die Territorien zu bitterarmen Reservaten, wo sich die durchweg von Weißen beherrschte Industrie Südafrikas nach Belieben mit Arbeitskräften versorgen konnte. Zurück blieben Alte, Kinder, Kranke und solche, die das Pech hatten, nicht auf einen der Sammeltransporte nach Johannesburg, Durban oder Kapstadt zu kommen.

Milliarden sind versickert

Zwar flossen viele Milliarden in die unterentwickelten Gebiete, wie sich in vollem Ausmaß erst unlängst bei den Aufräumarbeiten nach der Ära der Apartheid herausstellte. Doch ein großer Teil des Geldes ist durch Mißwirtschaft und Korruption versickert. Schwarze Handlanger der Herrscher in Pretoria, windige Geschäftemacher aus aller Welt und weiße Regierungsbeamte steckten sich die Taschen voll. Eines von vielen Beispielen für den verbreiteten Schlendrian ist der internationale Flughafen der Ciskei.

Als der Flughafen gebaut wurde, regierte die Sippe von Häuptling Sebe das Land, die sich meist gegenseitig bediente, aber manchmal auch blutige Fehden gegeneinander focht. Bei dem Großbauprojekt wurde an nichts gespart. Selbst Jumbo-Jets sollten hier landen können. Man tat, als gäbe es die großen «weißen» Flughäfen der Region, East London und Port Elizabeth, gar nicht. Alles kam, wie es wohl kommen mußte: Am Rande der Piste weiden seit Jahren Rinder und Ziegen, die nur gelegentlich von einem Sportflugzeug erschreckt werden. Das verbaute Geld ist unwiederbringlich verloren.

Dazu muß man wissen: Vier der «Homelands» wurden von der südafrikanischen Regierung für unabhängig erklärt, und das sollte erst der Beginn sein. Vom Ausland wurden diese seltsamen Staatsgebilde jedoch nie anerkannt, weil sie politisch wie wirtschaftlich weiter von Südafrika abhängig blieben. Nicht zuletzt waren es wohl auch die riesigen Kosten, die das Ende der Geisterstaaten beschleunigten. Die Idee wurde immer teurer: Im Finanzjahr 1986/87 erhielten die vier Staatswesen rund 2,1 Milliarden Rand Finanzhilfe von Südafrika, sechs Jahre später waren es schon dreihundert Prozent mehr, wie Außenminister Roelof Botha im Mai 1992 mitteilte, über 6,3 Milliarden Rand.

Angefangen mit der Transkei, die im Oktober 1976 in die «Freiheit» entlassen wurde, sollten alle zehn schwarzen Reservate eigene Staaten werden. Das war der große burische Traum: Die Schwarzen separiert und dennoch abhängig von Pretorias Gnaden und die Weißen endlich mit einem riesigen, reichen Land für sich – und schwarze Arbeitskräfte in Hülle und Fülle. Einige Weiße konnten lange nicht verstehen, daß sich die Schwarzen über ihr Glück nicht freuten. Auch leuchtete es ihnen nicht ein, warum der Rest der Welt sich so ablehnend gegenüber den «Homelands» verhielt, die eben nur von Pretoria «staatlich anerkannt» waren.

Gänzlich unlogisch waren die Argumente der Befürworter von Heimatstaaten nicht, schließlich sehnen sich auch Gruppen wie die Basken oder die Palästinenser nach einem eigenen Staat. Außerdem hatte zumindest eine Republik wie Bophuthatswana, nördlich von Pretoria gelegen, durch ihre reichen Platinvorkommen wirtschaftlich eine bessere Überlebenschance und ein höheres Pro-Kopf-Einkommen als mehrere Mitgliedsstaaten der Vereinten Nationen. Worin bestanden also die Schönheitsfehler? Die Pläne waren allesamt auf dem Reißbrett in Pretoria entstanden, die Millionen betroffener Menschen hatten nie wirklich die Chance einer freien Selbstbestimmung. Und Bophuthatswana bestand aus einem Flickenteppich von mehr als einem Dutzend nicht miteinander verbundener Ländereien, zum Teil mehrere hundert Kilometer voneinander entfernt. Doch irgendwann sollte auch dieses Problem behoben sein.

Die Landkarte wird weiß

Die Architekten der Apartheid kauften für riesige Summen ganze Landstriche von weißen Farmern auf, um die «Homelands» zu konsolidieren. Gleichzeitig wurden Millionen Schwarze umgesiedelt – zwangsumgesiedelt. Die Bilanz, die alljährlich im Parlament, provoziert durch unbequeme Nachfragen fortschrittlicher weißer Abgeordneter, offenbart wurde, war schier unvorstellbar. Jahr für Jahr waren etliche «schwarze Flecken» von der weißen Landkarte gelöscht worden. Das bedeutete fast ausnahmslos, daß die Betroffenen unter vorgehaltenen Waffen mit ihrem nötigsten Hab und Gut auf Lastwagen geladen und in eine neue Heimat verfrachtet worden waren. Die Dörfer wurden sogleich mit Planierraupen dem Erdboden gleichgemacht, die Felder angezündet. So verwundert es nicht, daß Kwa Zulu teilweise dichter besiedelt ist als die Schweiz, weil für die dorthin verfrachteten Menschenmassen der Platz fehlte.

Heute steht fest: Schon unter Premierminister Vorster, erst recht unter seinem Nachfolger Pieter Willem Botha, wurde burischen Intellektuellen und selbst einigen Leuten im Kabinett klar, daß die Apartheid ein Irrweg war. Die verzweifelten Menschen in den «Homelands» ließen sich nicht mehr in zugewiesene Gebiete pferchen, Hunger und schiere Not trieben sie wieder nach «Weiß-Südafrika».

Ein weiterer Denkfehler der Planer der Apartheid wurde offenkundig durch die fortschreitende Industrialisierung. Denn zunehmend brauchte die Wirtschaft nicht mehr

Links und rechts: Landwirtschaft ist neben der Förderung von Bodenschätzen der wichtigste Devisenbringer des Landes. Wein, Gemüse und vor allem Obst werden in die ganze Welt exportiert.

In Durban. Obwohl der Ackerbau durch häufigen Wassermangel und Dürreperioden schwankende Erträge bringt, kann der inländische Bedarf an Grundnahrungsmitteln gedeckt werden.

Auf dem Land werden überall frische Früchte angeboten. So findet man etwa in den Bewässerungsgebieten im Osten von Mpumalanga immer wieder bunte Obststände.

Auch heute noch werden vor allem in ländlichen Regionen die Häuser häufig mit Stroh gedeckt. Hier bekommt gerade das Besucherzentrum des Royal-Natal-Nationalpark ein neues Dach.

Millionen von Hilfsarbeitern, sondern Fachkräfte, die aus dem in allen Bereichen, aber vor allem im Bildungswesen benachteiligten Heer der Schwarzen nicht kommen konnten. Die Regierung ersann nun ein weiteres Konzept, um Herr der Lage zu bleiben. Ab 1984 gab es nach einer weißen Volksabstimmung ein Dreikammerparlament. Die Uhr wurde um zwanzig Jahre zurückgedreht, denn nun durften Nichtweiße, Coloureds und Inder, wieder mitregieren. Die Schwarzen hingegen kamen in der neuen Verfassung einfach nicht vor.

Dieser Funke genügte, um in den nächsten Jahren die blutigsten Ausschreitungen in der langen Geschichte der Unterdrückung der Schwarzen durch Weiße auszulösen. Vom September 1984 bis Ende 1986 starben über 2300 Menschen. In dieser Zeit kam auch das «Halsband» in Mode, der schreckliche Mord an tatsächlichen, aber auch vermeintlichen schwarzen Verrätern, die in einem benzingetränkten Autoreifen verbrannten. Ausnahmezustand, Truppeneinsatz und Zensur waren die Folge, doch nichts half mehr. Tausende wurden verhaftet, darunter viele Kinder und Jugendliche, die allesamt amtlich als «Terroristen» und «Kommunisten» bezeichnet wurden. Das war schon immer so gewesen: Wer das Regime kritisierte, mußte rot sein und im Sold Moskaus stehen – für burische Fanatiker gilt diese Formel bis heute. Und man weiß auch, daß die Wende in Südafrika ab 1990 nur möglich war, weil sich der alte Erzfeind jenseits des Eisernen Vorhangs ebenfalls ruiniert hatte.

Die Parallelen der auf den ersten Blick so grundverschiedenen ehemaligen Systeme im Osten Europas und im Süden Afrikas sind frappierend: Hier wie dort riesige Staatsbetriebe, die sich nur mühsam entflechten lassen, riesige Beamtenheere und unproduktives Wirtschaften. Im vermeintlichen erzkapitalistischen Südafrika herrschten manchmal Zustände, wie in den maroden Wirtschaften des Ostblocks. Nicht nur waren die Regierungen hier wie dort gleichermaßen undemokratisch, da sie die Bevölkerung nicht repräsentierten, sondern auch die Mechanismen der Marktwirtschaft wurden vielfach mißachtet. So unterstand zum Beispiel die Vermarktung nahezu aller landwirtschaftlicher Produkte staatlicher Aufsicht, das reichte bis hin zu einer «Behörde für Erdnüsse» in Pretoria. Etliche der einst Privilegierten, die durchweg weiß und durchweg burisch sind, und die ihre Jobs den Arbeitsbeschaffungsmaßnahmen der Nationalen Partei verdankten, sind – was sonst – erbitterte Gegner des «neuen Südafrika». Die Abschaffung der Apartheid bedeutete für sie zwangsläufig das Ende von Pfründen in allen Lebensbereichen.

Nachdem die Regierung der Nationalen Partei sich in den achtziger Jahren zunehmend von einem «totalen Angriff» bedroht glaubte, antwortete sie mit der «totalen Strategie», es war das Jahrzehnt der Militärs. In dieser Zeit blühte die Korruption, die von den Weißen sonst immer nur als abschreckenes Beispiel für die Zustände in Schwarzafrika ins Feld geführt wurde. Die Machthaber verteilten Geheimfonds an nahezu alle Ministerien, aus denen sich – wie sich später herausstellte – so mancher unehrliche Staatsdiener selbst beschenkte. Die Geheimniskrämerei wurde erst recht von den Sicherheitskräften genutzt. Landauf, landab entstanden Zellen von unheimlichen Undercoverkommandos, die als Todesschwadrone selbst vor Morden an Systemgegnern nicht zurückschreckten. Auch mit dieser schweren Hypothek ist das «neue Südafrika» belastet.

Das Vermächtnis der Apartheid

Das Ende der Apartheid hat viele Gründe, wie das Ende des Kommunismus. Doch ein erheblicher Teil des Drucks auf die Machthaber in Pretoria resultierte aus den zunehmend schmerzlichen Sanktionen. Das Anti-Apartheidsgesetz der Vereinigten Staaten und die Entscheidungen in der ganzen Welt, die störrischen Buren mit Handelssanktionen zu isolieren, führten vermehrt zu Engpässen. Besonders einschneidend waren die Maßnahmen der internationalen Banken, die ab Mitte der achtziger Jahre einen rapiden Währungsverfall zur Folge hatten. Bei konstant zweistelliger Inflationsrate ging es mit der Volkswirtschaft rasch bergab. Botha wollte oder konnte es vielleicht nicht mehr einsehen, doch für den vergleichsweise jungen Nachfolger De Klerk bestand kein Zweifel: Das Rassendogma hatte ausgedient. Je siecher die Wirtschaft, desto länger würde es dauern, die Erwartungen der Schwarzen zu erfüllen. Mit dem Lockern und letztlich dem Ende der Apartheid sollten diese verständlicherweise noch steigen.

Das Vermächtnis des Unrechtssystems ist beängstigend – für Weiße, die im Land bleiben wollen ebenso wie für Schwarze, die zunehmend an Einfluß gewinnen. Wer Südafrika bis zur Jahrtausendwende oder danach regieren will, wird viele Milliarden aufbringen müssen, um begangenes Unrecht wiedergutzumachen und zumindest Chancengleichheit herzustellen. Dies muß im Bildungswesen beginnen, im Bereich der Arbeit fortgesetzt werden und schließlich alle Facetten des Lebens umfassen. Denn trotz der mutigen Entscheidung von de Klerk, einen Staat ohne Apartheid zu wagen, und trotz der Tatkraft Mandelas als Präsident bleiben die Mißstände offenkundig. Der weißen Minderheit geht es größtenteils gut, der schwarzen Mehrheit zumeist schlecht.

Große Sorge bereitet dabei die Landflucht. Seit Jahren vollzieht sich eine Völkerwanderung von Millionen, die der Einöde und Armut der ländlichen Regionen entfliehen und sich einen Job, irgendeine auch noch so schlecht bezahlte Tätigkeit als Handlanger in den industriellen Zentren erhoffen. Seit die Regierung die gesetzlichen Einschränkungen bezüglich Mobilität und Bewegungsfreiheit der Schwarzen aufgehoben hat, drängen mehr und mehr Menschen in die größeren Städte. Johannesburg, Durban und Kapstadt wachsen auf diese Weise Monat für Monat um etliche Quadratkilometer. Daran wird sich in absehbarer Zeit auch nichts ändern, denn in einigen ländlichen Regionen liegt die Geburtenrate bei vier Prozent.

Jede Woche entstehen so Tausende von neuen Unterkünften, zuweilen handwerksgerechte Häuschen aus Holz, Karton und Wellblech, aber auch Verschläge, die nur aus einigen Ästen und Plastikfolien bestehen. Durch die Neuankömmlinge vom Land verschlimmert sich die Lage in den ohnehin überfüllten, verwahrlosten Townships. Zwar machen einige skrupellose Hausbesitzer gute Geschäfte, indem sie zum Beispiel Schlafplätze in der Küche Nacht für Nacht, Mensch an Mensch, teuer verkaufen. Doch überwiegend werden die Landflüchtlinge eben doch als Konkurrenz empfunden.

Das war im Sinne der Apartheid durchaus gewollt. Denn in den Schlafquartieren vor den Toren der weißen Städte sollten einstmals nur «legale» Schwarze mit Arbeitsplatznachweis und Aufenthaltsgenehmigung wohnen. Dazu gehörten ebenfalls schätzungsweise acht Millionen ihrer Heimat entwurzelte Schwarze, die im Räderwerk des Wanderarbeitersystems hin- und hergestoßen wurden. Sie zählen heute zu den schwierigsten Hinterlassenschaften aus der Zeit der Rassentrennung.

Auch diese Schwarzen wurden gebraucht, um die Industrie in Gang zu halten. Doch ihre Familien duften sie nicht mitbringen, dafür sorgte die Polizei. In riesigen Wohnheimen untergebracht, machten sie bei schwarz-schwarzen Auseinandersetzungen bis in jüngste Zeit hinein immer wieder unrühmliche Schlagzeilen. Neuerdings werden zwar, zum Beispiel von den großen Minengesellschaften, Familienunterkünfte gebaut. Es wird jedoch Jahre, wenn nicht Jahrzehnte dauern, bevor die trostlosen Kasernen, in denen sie bis dahin gehaust hatten, auch wirklich abgerissen werden können.

Bruderkämpfe

In den Männerwohnheimen von Alexandra, einer schwarzen Siedlung am nördlichen Stadtrand von Johannesburg, leben überwiegend Zulu. Die Baumeister der Apartheid waren einst ausgesprochen stolz darauf, daß ihnen die Idee mit den nach Geschlechtern getrennten Riesenhäusern gekommen war. Daß sie damit gleichzeitig Brutstätten schufen für Homosexualität, Trunksucht und Glückspiele, Kriminalität und familiäres Unglück, wen störte das schon. Die Männer bekamen einen großen, offenen Innenhof, wo sie in ihrer Freizeit Fußball spielen sollten. Außerdem – die burischen Planer in Pretoria kannten schließlich ihre Zulu – durften sie am Wochenende Kriegsspiele durchführen.

«Usuthu» schreien dann die halbnackten, mit Tierhäuten und Federbüschen bekleideten Männer. Der Ausruf «usuthu», wörtlich übersetzt «Tötet», erinnert die Zulu und andere Völker an die Gefährlichkeit ihrer Vorfahren.

Die Zulu in den Wohnheimen sind traditionell gesinnte, rauhe Burschen, die ohne Waffen keinen Schritt vor ihre Gittertore gehen. Anläßlich der Bruderkämpfe in den letzten Jahren wurden mehrmals ganze Waffenfabriken in den Heimen ausgehoben. Ein Stück Wasserrohr etwa kann vielfach verwendet werden: Als Lauf für ein primitives, aber dennoch todbringendes Gewehr, als Schlagstock oder – angespritzt – als Speer. Meist gehen die Zulu nur in Gruppen auf die Straße, singend und im Laufschritt; die Heere Shakas waren dafür berühmt.

Für die übrigen Bewohner von Alexandra sind die Zulu Teufel. Und das nicht erst, seit in den letzten Jahren politische Rivalität die Gegensätze verschärfte. Die Zulu aus den Wohnheimen unterstützten häufig die schlagkräftige Massenorganisation Inkatha ihres Häuptlings Mangosuthu Gatsha Buthelezi, sowie ihren König Goodwill Zwelithini. Die Mehrheit der Bewohner der Townships dagegen, die mit großen Familien in viel zu kleinen Häuschen darben, hält es mit dem ANC. Furchtsam und haßerfüllt zugleich lugen die städtischen Schwarzen aus vernagelten Fenstern auf die ländlichen Mitbewohner, «Bauerntölpel» nennen sie die Zulu oft abschätzig. Wegen ihnen, so wird behauptet, traue sich kein Mädchen und keine Frau mehr allein auf die Straße.

Der Einfluß der Kirche

Nachdem die Abschaffung der Apartheid Anfang der neunziger Jahre von der Nationalen Partei endlich zum Regierungsprogramm erklärt worden war, hat man auch angefangen, Bilanz zu ziehen. Doch tatsächlich sind allein schon die finanziellen Kosten unübersehbar, von dem menschlichen Leid, dem tiefsitzenden Mißtrauen zwischen Schwarzen und

Weißen ganz zu schweigen. Es gab Heerscharen von Beamten, die die Rassenordnung überwachen sollten. Schätzungen besagen, daß drei von fünf arbeitenden Weißen im Staatsdienst beschäftigt waren, viele davon als Verwalter der Apartheid. Sie bildeten als Wähler natürlich auch das eiserne Rückgrat für die Nationale Partei.

Wenn es um die Verteidigung von Privilegien und Macht ging, dann funktionierte die herrschende Schicht, wovon die allermeisten Buren waren, wie ein Clan. Die bis heute größte Burenkirche, die Niederländisch-Reformierte Kirche, wurde von Spöttern als «die Nationale Partei beim Gebet» bezeichnet. Tatsächlich entstammten viele Politiker kirchlichen Reihen. Keine wichtige Entscheidung in Südafrika fiel ohne den Segen des Klerus – bis hin zur Abschaffung der Apartheid. Die Gläubigen staunten nicht schlecht, als vor einigen Jahren von den Kanzeln auf einmal Ketzerhaftes über die Rassenversöhnung zu hören war, als Rassismus ab 1986 zur «ernsten Sünde» erklärt wurde. Zu diesem Zeitpunkt waren die südafrikanischen Christen allerdings von Glaubensbrüdern in aller Welt schon längst als unbekehrbar aufgegeben worden.

«Die Nation der Afrikaaner ist mit all ihren Eigenschaften und mit ihrem Schicksal von dem dreifaltigen Gott in dieses Land gestellt worden [...]. Diese Nation ist dazu berufen, so lange zu existieren, wie es Gott gefällt.» Unheilvoll klingt mittlerweile, was die neu aufzunehmenden Brüder im «Afrikaner Broederbond» schwören müssen. Der Schwur wird in einem verdunkelten, nur von zwei Kerzen schummrig beleuchteten Zimmer abgelegt. Der Geheimbund hat um die zwölftausend Mitglieder. Viele Pfarrer der einflußreichen Kirche, ebenso wie Lehrer, leitende Beamte und Offiziere, sind Brüder – waren und mußten es zumindest sein, solange es die Apartheid gab.

Kann vergeben werden? Vielleicht, zumal eine Generalamnestie die Verstöße gegen die Menschlichkeit nicht aufrühren wird. Aber vergessen? Wohl lange nicht, wenngleich die schier unglaubliche Duldsamkeit der Afrikaner, ihre Bereitschaft selbst gröbstes Unrecht so gut wie ungeschehen zu machen, Europäer nur beschämen kann. Und schließlich, welch seltsamer Wandel, zeigte es sich in jüngster Zeit, daß auch die Weißen, ihrem schlechten Ruf zum Trotz, durchaus afrikanisch und flexibel (re-)agieren können. Mit überwältigender Mehrheit stimmten sie im März 1992 dafür, die Verhandlungen mit den Schwarzen fortzusetzen und somit, letztlich, für die Aufgabe ihrer Macht.

Die Welt wunderte sich zu Recht, mit welch unbekümmertem Elan schwarze und weiße Südafrikaner am Ende der Apartheid aufeinander zugingen. Kerkermeister und Eingekerkerte, Herren und Unterdrückte verhandelten plötzlich so selbstverständlich miteinander, als sei es für sie die gewöhnlichste Sache überhaupt. Die Öffnung der Schulen für Kinder aller Hautfarben, die Normalisierung im Sport – Südafrika schickte sich Anfang der neunziger Jahre an, eine Nation zu werden.

Klaglos in die neue Zeit

Der Neuanfang kam spät, aber wohl nicht zu spät. Ein junges Land wie Südafrika, wo Kinderreichtum gang und gäbe ist, besticht durch seinen Optimismus. Die allermeisten Südafrikaner sind heute Twens und jünger. Und wo die Eltern noch oftmals zögerlich beobachteten, nutzte der Nachwuchs die vielen neuen Möglichkeiten, die sich mit dem Ende des internationalen Ausgestoßenseins boten. Junge weiße Südafrikaner treckten in Scharen – und diesmal in friedlicher Absicht – in Richtung Norden, in den riesigen Kontinent, wo sie früher nicht einmal zwischenlanden durften. Inzwischen hat sich Johannesburg zur Drehscheibe für den Flugverkehr mit ganz Afrika entwickelt.

Ein weiteres Indiz für das politische und gesellschaftliche Tauwetter am Kap findet sich im Bereich des Sports. In einem Land, wo schon allein die klimatischen Bedingungen beste Voraussetzungen für sportliche Spitzenleistungen bieten, trainieren nun wieder Hunderte von schwarzen Athleten, Fußballern, Golfern oder Cricketspielern für internationale Wettkämpfe. Denn das war ja immer die zweischneidige Folge des weltweiten Boykotts: Betroffen waren nicht nur die Weißen, sondern auch die Schwarzen.

185

Das ausgeglichene Klima (trocken, keine allzu hohen Temperaturen) macht Südafrika zu einem echten «Sportlerparadies», und so ist denn auch der Sport eine der beliebtesten Freizeitbeschäftigungen. Vor allem Rugby wird häufig gespielt und findet in der Öffentlichkeit ähnlich großes Interesse wie der Fußball in Europa. Aber auch Surfen, Tennis, Jogging und Golf sind sehr verbreitet. Ein Wettkampfspiel, das in Südafrika seinen Ursprung hat, ist Jukskei, das dem Wurfringspiel ähnelt.

Selbst beim liebsten Kampfsport der Buren, dem Rugby, tauchen vermehrt schwarze Gesichter auf. Die früher blütenweißen Sportverbände schickten sich klaglos in die neue Zeit und fördern heute durchweg schlechter gestellte, aber begabte schwarze Sportler.

Denn in gleichem Maß, wie in den letzten Jahren die Lohnentwicklung von Schwarzen Fortschritt gemacht hat, wurden sie in vielen Wirtschaftsbereichen die wichtigsten Kunden. Die Einkaufszentren in Johannesburg und Kapstadt, selbst erlesene Restaurants und Fünfsternehotels, haben ihre Türen weit geöffnet. Ja, es stimmt, Südafrika ist weit gekommen. Für ausländische Besucher ist das häufig schwer zu verstehen. Aber es ist noch nicht allzulange her, daß über den Türen vieler Geschäfte, selbst in den Aufzügen großer Bürohäuser und natürlich über den Toiletten «Whites only»-Schilder hingen, von denen die letzten jetzt als Raritäten in den Trödelläden verkauft werden. Die ausländischen Gäste, die nunmehr verstärkt Afrika südlich des Limpopo als Ferienparadies entdecken, stoßen noch häufig auf das «alte Südafrika». Vor allem in ländlichen Regionen verhalten sich Schwarze nach wie vor devot gegenüber Weißen, Anreden wie «Baas» oder «Master» sind durchaus noch gebräuchlich. Allerdings kann man solche Erfahrungen auch in anderen Ländern Afrikas machen. Wahrscheinlich braucht es einfach seine Zeit, bis die Bewohner des «Dritte-Welt-Kontinents» ihre Höflichkeit, die uns wie Unterwürfigkeit anmutet, gegenüber den Besuchern aus der «Ersten Welt» verlieren.

Aufbruchstimmung

Der Tourismus spielt für das neue Südafrika eine bedeutende Rolle und wird nach Kräften gefördert. Bis zur Jahrtausendwende werden jedes Jahr über zwei Millionen Besucher erwartet, und es gibt keine der großen, internationalen Hotelketten, die nicht Pläne für Investitionen in Millionenhöhe am Kap schmiedet. Südafrika ist für den Ansturm der Fremden gerüstet. Die Straßen sind, selbst wo sie unbefestigt sind, durchweg in tadellosem Zustand, der Komfort der Unterbringung ist vergleichbar mit dem Standard auf der nördlichen Erdhalbkugel und selbst öffentliche Transportmittel verkehren – ganz anders als im restlichen Afrika – regelmäßig und im großen und ganzen pünktlich.

Apropos Transport: ein kleines Beispiel vielleicht, aber eines, das die Aufbruchstimmung, den guten Willen von Schwarz und Weiß im neuen Südafrika, trefflich wiedergibt. Bedroht von immer neuen Löchern in öffentlichen Haushalt, von Korruptionsfällen bis in höchste Ämter, die das alte System begünstigte, entschloß sich die Regierung seit Ende der achtziger Jahre zur Flucht nach vorn. Sie begann, große Teile der zentral kontrollierten Wirtschaft zu privatisieren. Obendrein schlug sie damit auch noch den zukünftigen Machthabern ein Schnippchen, die einstmals im Grundsatzprogramm des ANC die Verstaatlichung ganzer Industriezweige gepredigt hatten. Heute geht man mit der neuen Zeit – von Verstaatlichung keine Rede mehr.

Schwarze Unternehmer brauchten nicht lange, um die Chance zu begreifen. Als der Busverkehr freigegeben wurde, tauchten buchstäblich über Nacht Tausende von sogenannten «Mini-Taxis» im Straßenverkehr auf. Die Kleinbusse können zwischen acht und zwölf Fahrgäste befördern. Manchmal wird es eng, dann zählt die Polizei bis zu zwanzig Passagiere. Heutzutage existiert keine Route, die von den häufig überaus individuell gestalteten Taxis nicht bedient wird. Es gibt sie mit Gardinen und mit Weißwandreifen, chromblitzend und in psychedelischen Farben. Aus den Namen machen sich die Fahrer oder Fahrerinnen einen Spaß. «Starker Joe», «Fette Mamma», «Heißes Ding», und «Ray Charles» sausen durch die Gegend und halten überall, wo es die Fahrgäste wünschen.

Und, oh Wunder, das befürchtete Chaos blieb aus. Nur vereinzelt kam es zu Zwischenfällen mit genervten weißen Autofahrern. Heutzutage klettern Weiße wie selbstverständlich in die flotten Kutschen, die nicht selten mit heißen afrikanischen Rhythmen locken. Vor allen Dingen in Großstädten sind die «Zola Budds», so ihr Spitzname nach einer südafrikanischen Sprinterin, nicht mehr wegzudenken. Das neue Südafrika beginnt Alltag zu werden – das läßt für die Zukunft hoffen.

In Johannesburg. Auf eine Zukunft unter neuen Vorzeichen haben sich diese beiden jungen Südafrikaner sozusagen von Kopf bis Fuß eingestellt.

GAUTENG · MPUMALANGA NORDPROVINZ

Hunderte von Meilen südlich lagen die goldhaltigen Erzgänge von
Johannesburg, Hunderte von Meilen nördlich die reichen Kupferminen.
Dies waren die beiden Leitsterne des großen Zentralplateaus, dies die
Magneten, die Schwarze und Weiße anzogen, das Geld von den Börsen in
aller Welt anlockten, Straßen, Geschäfte, Gärten dicht beieinander
entstehen ließen … Doch hier, das war Farmland, gutes Farmland: eine
Handvoll dunklen, schweren Ackerbodens in der Unendlichkeit des
hellsandigen Buschlands.

Doris Lessing

Das Voortrekker Monument auf einem kleinen Hügel südlich von Pretoria erinnert an den blutig erkämpften Sieg der Buren über ein Zuluheer am 16. Dezember 1838. 27 Friese aus Carrara-Marmor dokumentieren im Inneren die Geschichte des «Großen Trecks» von 1838 und die Ereignisse, die zur Schlacht am Blood River führten.

Nächste Doppelseite: Im wahrsten Sinn des Wortes auf Gold gebaut ist die drittgrößte Stadt des afrikanischen Kontinents, Johannesburg. Wo noch 1880 kahles Hochland die Szenerie beherrschte, löste die Entdeckung riesiger Goldminen 1886 den größten Goldrausch aus, den es je gegeben hat: Das wirtschaftliche Herz des Landes war gefunden.

Da keine Gebäude mehr aus der Zeit des Goldrausches erhalten sind, wurde im Johannesburger Stadtteil Crown mit Gold Reef City ein ganzer Ort original nachgebaut. Dieses Museumsdorf läßt die alten Goldgräberzeiten wieder lebendig werden. Das Gold Reef City Hotel ist im Stil der Stadtgründungszeit erbaut, bietet jedoch Komfort und Luxus von heute.

Oben und unten:
Auf dem Gelände
einer ehemaligen
Goldmine vermit-
teln die detailgenau
rekonstruierten
Gebäude von Gold
Reef City einen
guten Eindruck
davon, wie es vor
hundert Jahren in
Johannesburg ausge-
sehen hat. Die alten
und neuen Techni-
ken des Goldberg-
baus werden hier in
einer Mine in etwa
220 Metern Tiefe
demonstriert.

Gegenüber dem Burgers Park, dem ältesten Park Pretorias, liegt das Melrose House. Das 1886 erbaute Gebäude zeigt eindrucksvoll die historistischen Stilmittel der viktorianischen Architektur. Hier wurde 1902 der Vertrag von Vereeniging unterzeichnet, der den Burenkrieg beendete.

Church Square, der ehemalige Marktplatz, ist das Herz der im Schachbrettmuster angelegten Innenstadt Pretorias. In der Mitte des Platzes befindet sich das von Anton von Wouw geschaffene Standbild des Burenführers Paul Krüger (1825 bis 1904). Vier Bronzefiguren am Sockel (rechts vorn: ein wachsamer Farmer) symbolisieren die damalige Bürgerwehr.

Das Paul-Krüger-Haus in Pretoria ist heute ein Museum. In dem unscheinbaren Haus wohnte «Oom Paul», wie der Präsident liebevoll genannt wurde, während seiner Amtszeit von 1883 bis 1900.

Oben und unten:
Ein Blick in zwei
völlig verschiedene
Lebenswelten.
Bei Elim Hospital
in Venda.

198

Einen authentischen Eindruck vom Leben der Goldsucher vermittelt das Goldgräberstädtchen Pilgrim's Rest in Mpumalanga. Die historischen Gebäude des 1873 entstandenen Ortes sind nahezu vollständig erhalten, weil die Stadt unter Denkmalschutz steht.

Nächste Doppelseite: In Botshabelo, einer Siedlung der Ndebele. Die Frauen dieser Gruppe der Zulu sind außerordentlich geschickte Kunsthandwerkerinnen. Davon zeugen ihre reichverzierte Tracht sowie die farbenfrohen Ornamente, mit denen sie Gebäude schmücken (siehe auch Seite 174).

199

In einem Zulu-Kraal bei Johannesburg. Die größte Bevölkerungsgruppe Südafrikas bildet das Volk der Zulu, das aus etwa zweihundert Stämmen besteht und fast ein Drittel der Schwarzen des Landes ausmacht. Bei festlichen und rituellen Anlässen und auf dem Land tragen die Zulu noch heute ihre traditionelle Tracht.
Der nackte Oberkörper junger Frauen bedeutet, daß diese noch unverheiratet sind (oben links und rechts). Bei den rituellen Stammestänzen und Feiern trägt man kunstvollen bunten Glasperlenschmuck. Federbüsche und Felle gehören zur Tracht der Krieger (unten) ...

… und auch die Kinder werden bei den Festen farbenfroh geschmückt.

Nächste Doppelseite: Farmarbeiterinnen in Mpumalanga. Vor der Entdeckung der Bodenschätze im Jahr 1866 war Südafrika ein reines Agrarland. Auch im heute hochentwickelten Industriestaat ist die Landwirtschaft immer noch von großer Bedeutung. Obwohl das Land nur vier Prozent der Gesamtfläche des Kontinents ausmacht, produziert es etwa 40 Prozent der afrikanischen Maisernte.

*Eine der großartig-
sten Landschaften
Südafrikas: die
Region um den
Blyde River Can-
yon in Mpuma-
langa.*

In der Gegend von Messina, der nördlichsten Stadt der Republik Südafrika, gedeihen die mächtigen Affenbrotbäume (Baobab Trees). Zum Schutz dieser urzeitlichen Baumriesen rief die Provinzregierung 1980 das Messina Nature Reserve ins Leben.

Obwohl der Affenbrotbaum nur 10 bis 15 Meter hoch wird, erreicht sein Stamm einen Umfang von bis zu 28 Metern. Der Baum kann enorme Mengen Feuchtigkeit speichern. Sein Stamm wird daher in der Trockenzeit von Elefanten angefressen. Das Mark seiner Früchte ist besonders reich an Vitamin C. Es wird vor Ort an Ständen verkauft.

Nächste Doppelseite: Jahrtausende lang bahnten sich wilde Gewässer einen Weg durch Dolomit- und Sandgestein. Stellenweise ist die Schlucht des Blyde River Canyon bis zu 600 Meter tief.

207

Der 1829 Meter hohe Berg God's Window (Bildhintergrund) verdankt seinen Namen dem unvergleichlich weiten Ausblick, den man von ihm aus genießt: Im Norden sieht man über den Blyde River Canyon, im Osten das weite Lowveld und den Krüger-Nationalpark und im Westen waldreiche Berge.

Dichte Wälder umrahmen die Schlucht des Blyde River mit seinen zahlreichen Wasserfällen. Neben den bizarren Gesteinsformationen ist die üppige subtropische Flora dieses Gebiets besonders beeindruckend.

Nächste Doppelseite: Mit sprühender Gischt stürzt der Tufa-Wasserfall des Blyde River Canyon über moosüberwucherte Büsche und Bäume, die aus den Felsvorsprüngen hervorwachsen.

«Nicht an allen Weltenden dehnen sich unwirtliche Schauerregionen, in denen die Schreckgespenster, Monster und Höllengeister hausen. Es gibt auch wirtliche Weltenden, wo der Reisende es sich wohl sein lassen kann.» Reinhard Kaiser mag, als er dies schrieb, an den World's End genannten Aussichtspunkt gedacht haben, denn von dort aus hat man den herrlichsten Blick über den Blyde River Canyon.

Bernd Wiese

Südafrika heute

Daten und Informationen

Die Republik Südafrika ist mit 1,2 Millionen Quadratkilometern und etwa 41 Millionen Einwohnern der größte und bevölkerungsreichste Staat des südlichen Afrika. Auf der Rangliste der Bergbauländer der Erde steht er ganz oben, und er ist die einzige Industrienation in Afrika südlich der Sahara. Das Klima der Randtropen und der Subtropen macht Südafrika zu einem beliebten Reiseland, da der Werbeslogan «Heute scheint die Sonne in Südafrika» rund ums Jahr fast täglich zutrifft.

Südafrika ist ein Vielvölkerstaat: Nur noch wenige Buschmänner leben heute noch als Jäger und Sammler. Bantusprachige Völker wie die Zulu, Xhosa, Sotho und Tswana bilden die Masse der Bevölkerung. Dazu stießen im Laufe der Kolonisierung Einwanderer aus Holland, Frankreich, England und Deutschland sowie aus dem asiatischen Raum, wie etwa Inder oder Malaien. Eine weitere Bevölkerungsgruppe bilden Mischlinge, die sogenannten Coloureds. Auch nach Überwindung der Apartheid wird es angesichts des hohen Bevölkerungswachstums nicht leicht sein, Fortschritt und Wohlstand für alle zu schaffen, doch bietet sich zumindest die Chance, ein gleichberechtigtes Zusammenleben der ethnisch wie kulturell sehr unterschiedlichen Gruppen zu ermöglichen. Zudem benötigen Bergbau, Industrie und Dienstleistungsbereich eine Vielzahl gut ausgebildeter Kräfte. Die Landwirtschaft ist in der Lage, in Jahren mit normalen Niederschlägen das Land zu ernähren und sogar noch landwirtschaftliche Erzeugnisse auszuführen, eine Seltenheit in Afrika. Noch in der Entwicklung begriffen, jedoch mit vielen Hoffnungen verknüpft ist der Fremdenverkehr in die Städte, an die Strände, in die wildreichen Nationalparks und in die Naturschutzgebiete.

Klima

Durch die Lage auf der Südhalbkugel der Erde sind die Jahreszeiten Südafrikas denen in Europa entgegengesetzt, der Sommer hat seinen Höhepunkt im Dezember erreicht. Die Temperaturen sind trotz der 13 Breitengrade, über die sich das Land erstreckt, relativ einheitlich. Auch wenn das Klima im größten Teil des Landes gemäßigt ist, hat Südafrika doch eine Vielzahl unterschiedlicher Klimagebiete aufzuweisen. Die Palette reicht vom tropisch-heißfeuchten Küstentiefland bis zur kalten Hochgebirgslage, von immerfeuchten milden Hügellandschaften bis zu wüstenhaften Gebirgen und Küstengebieten.

Die randtropische Küstenzone von Natal und Zululand hat mittlere Jahrestemperaturen von über zwanzig Grad Celsius, durchschnittliche Niederschläge von tausend Millimetern pro Jahr und sieben bis neun feuchte Monate. Das Gebiet ist frostfrei. Hier gedeihen tropische Pflanzen wie Bananen und Zuckerrohr.

Das östliche Binnenhochland und die östlichen Randstufengebirge der Drakensberge gehören zum südafrikanischen Sommerregengebiet. In den Monaten Oktober bis März fallen hier bis zu tausend Millimeter Niederschlag. In den Gebirgen tritt oberhalb

von etwa 1200 Meter Höhe Nebel auf, der für zusätzliche Feuchtigkeit sorgt und immergrüne Bergregenwälder und Forsten speist. Die Temperaturen sind mit 15 bis 17 Grad Celsius im Mittel gemäßigt. Im Sommer kann es warm werden, im Juli und August können auf dem Hochland Frost, Hagelschlag und selten auch Schnee vorkommen.

Von der Karoo-Halbwüste bis in die Nordprovinz erstreckt sich das Trockengebiet des Binnenlandes. Die Niederschläge liegen unter 450 Millimeter pro Jahr, und mehr oder weniger regelmäßige Dürrekatastrophen treffen den Naturhaushalt und die Landwirtschaft schwer. Im Sommer ist es tagsüber bis über dreißig Grad Celsius heiß, im Winter können die Temperaturen in klaren Nächten bis unter den Gefrierpunkt sinken.

Auf der Westseite und am unteren Oranje hat Südafrika Anteil an jener Wüste, die sich als Namib in Namibia fortsetzt. Die Jahresniederschläge liegen dort unter hundert Millimetern, wenn es überhaupt regnet, denn mehrere Jahre ohne Niederschlag sind keine Seltenheit. Die Tage werden heiß, die Nächte sind angenehm kühl. An der Küste treten in den Morgenstunden oft Nebel auf, so daß man sich an europäisch kühle, nebelreiche Küsten versetzt fühlt; ab 10 Uhr vormittags spätestens aber steigt das Thermometer auf über zwanzig Grad Celsius an, um an heißen Tagen mehr als dreißig Grad zu erreichen.

Im äußersten Südwesten hat Südafrika ein mildes quasi-mediterranes Klima. Im Winter fallen hier die meisten Niederschläge. Deshalb spricht man vom kapländischen Winterregenklima. Zwischen April und September fallen durchschnittlich 600 bis 800 Millimeter, in den Bergketten über tausend Millimeter Niederschlag. Die Temperaturen entsprechen denen der Mittelmeerländer Südeuropas: heiße Sommer, milde Herbst- und Frühjahrstage, kühle bis kalte Winter.

Nur an der Südküste regnet es zu allen Jahreszeiten. Dies ist in einem «Sonnenland» wie Südafrika schon eine kleine «Sensation». Hier verläuft die Gartenroute. Die Straße wird deshalb so genannt, weil in dieser Gegend durch die Niederschläge reichlich Wasser für herrlich grüne und blumenreiche Gärten zur Verfügung steht. Die Temperaturen sind mit an die zwanzig Grad Celsius angenehm gemäßigt. Immergrüne Wälder und saftige Wiesen bilden einen grünen Saum am sonst so trockenen Südafrika.

Staatliche Gliederung

Südafrika umfaßt seit der Neugliederung des Landes im Januar 1994 neun Provinzen: Gauteng mit Johannesburg und Pretoria als «Herzstück» des Landes, umgeben von der Nordprovinz mit Pietersburg als Verwaltungssitz, der Nordwestprovinz mit Mmabatho, Mpumalanga mit Nelspruit im Osten und dem Freistaat mit Bloemfontein im Süden. Auf der Ostseite des Landes liegen Kwazulu/Natal mit Pietermaritzburg sowie Ostkap mit Bisho/King William's Town. Den Westen und Südwesten des Landes nehmen die Provinz Nordkap mit Kimberley und Westkap mit Kapstadt ein. Die ehemaligen «unabhängigen Homelands» bzw. Autonomstaaten wurden aufgelöst und in die neuen Einheiten eingegliedert. Die Provinzen sind in Distrikte, Städte und Gemeinden eingeteilt.

Bevölkerung

Die komplizierte Gliederung der Verwaltung hat zur Folge, daß die Bevölkerungszahlen für Südafrika je nach Quelle erheblich voneinander abweichen. Mitte der neunziger Jahre geht man von einer Gesamtbevölkerung von etwa 41 Millionen aus. Damit ist Südafrika der bevölkerungsreichste Staat im südlichen Afrika.

Die Zusammensetzung der Bevölkerung spiegelt die kulturelle und sprachliche Vielfalt wieder, die das Land prägt: Ungefähr fünfundsiebzig Prozent sind Schwarze, neun Prozent Mischlinge, dreizehn Prozent Weiße und drei Prozent Inder. Die Schwarzen gehören zu den bantusprachigen Völkern Afrikas, so daß sie auch als Bantu bezeichnet werden. Ihre Vorfahren zogen während der Bantuwanderungen aus Zentralafrika nach Süden. Die ersten Zeugnisse ihrer Siedlungen und Bewirtschaftung finden sich um die Zeitenwende im Norden von Transvaal. Dörfer und Gräber von etwa 1000 n. Chr. wurden an der Ostküste in Natal entdeckt, und im 16. Jahrhundert haben die bäuerlichen Siedler etwa das Gebiet bis zum Fischfluß in der südöstlichen Kapprovinz erreicht. Die großen technischen Neuerungen der Bantu waren der Gebrauch von Eisen für Waffen und Handwerkszeug sowie die Töpferei. Die Bantu lebten in Großfamilien, die sich zu Häuptlingsschaften zusammenschlossen. Bis in das 19. Jahrhundert hinein bildeten sie Königreiche und Staatsformen wie das Reich der Zulu in Natal oder das kleine Königreich Venda in Nordtransvaal. Wenn sie die Ureinwohner, wie die San-Buschmänner oder Hottentotten, nicht in die Gebirge, in Trockengebiete wie die Kalahari oder unwirtliche Landschaften wie die Karoo verdrängten, so vermischten sie sich mit ihnen.

Das Schicksal Südafrikas wurde dadurch entscheidend geformt, daß seit 1652 weiße Siedler von Süden her die Küste entlang und in das Binnenland vorstießen. Auch sie verdrängten die San-Buschmänner und Hottentotten in das trockene Landesinnere, rotteten sie allerdings auch in einigen Landesteilen aus oder machten sie zu ihren Sklaven. Vom 17. bis ins das 19. Jahrhundert entwickelte sich im äußersten Südwesten, im Kapland, eine burische Siedlerschicht. Sie setzte sich gegen das englische Vormachtstreben zur Wehr. Die Auseinandersetzungen zwischen Buren und Briten führte zwischen 1835 und 1837 zum «Großen Treck», der Massenemigration der Buren nach Norden. Damit war der Zusammenstoß mit den dort lebenden schwarzen Völkern vorprogrammiert: Weil sie über Feuerwaffen und bessere Kriegstechnik verfügten, gelang es den Buren, die Stämme des Binnenlandes zu unterwerfen, während die Engländer die Küstenregionen besetzten: Die Herrschaft der Weißen und die Unterdrückung der Schwarzen in Südafrika begann.

Die Mischlinge sind das Ergebnis von Verbindungen zwischen Weißen, Nama-Hottentotten und Schwarzen. Vor allem in den frühen Zeiten der Kolonisierung war diese Art des zwischenmenschlichen Kontakts nicht selten. Die daraus resultierende Bevölkerungsschicht lebt hauptsächlich in der Provinz Westkap. Als gute Handwerker und gesuchtes Personal im Geschäfts- und Bürowesen haben sich die Mischlinge jedoch seit den fünfziger Jahren auch nach Norden orientiert, so daß sie heute etwa in Johannesburg einen nicht unerheblichen Bevölkerungsanteil ausmachen.

Die Inder leben vorwiegend in der Provinz Kwazulu/Natal im Umkreis der Metropole Durban. Sie sind meist Nachfahren von Arbeitern, die seit 1860 unter britischer Kolonialherrschaft für die Zuckerrohr-Plantagen in Natal angeworben wurden. Heute stellen die Inder eine wirtschaftlich wichtige Bevölkerungsgruppe in Handel und Industrie dar.

Sprachen

Südafrika hat seit 1994 elf amtlich anerkannte Nationalsprachen; zu ihnen gehören die Bantusprachen der neun größten Bevölkerungsgruppen wie Zulu, Xhosa, Tswana sowie Englisch und Afrikaans. In Westkap und Nordkap spricht man vorwiegend Afrikaans (diese Sprache hat sich aus dem Niederländischen der Besiedlungszeit entwickelt und ist bis heute die «Nationalsprache» der Buren geblieben), im Ostkap Xhosa, in Kwazulu/Natal und dem Süden von Mpumalanga Zulu, in der Nordwestprovinz Tswana und in der Nordprovinz Sotho und Venda.

Die internationale Metropole Johannesburg und ihre Umgebung ist ein wahres Völker- und Sprachengemisch, wobei Englisch als Umgangssprache vorherrscht.

Der «Sprachenstreit», bei dem es auch um kulturelle Identität und Vormacht der einzelnen Bevölkerungsgruppen geht, ist zwar noch nicht abgeschlossen, doch hat sich nach einer jüngsten Umfrage die Mehrheit der Bevölkerung für Englisch als künftige Amtssprache auf Landesebene ausgesprochen – und mit dieser Sprache kommen Sie fast überall durch.

Wirtschaft

Südafrika gilt heute als «Schwellenland» zu einer modernen Industrie- und Dienstleistungsgesellschaft. Vom reinen Agrarstaat hat sich das Land auf Grund seiner reichen Rohstoffvorkommen über ein Bergbauland zur einzigen Industrienation südlich der Sahara entwickelt. Von der Mitte des 17. bis zur Mitte des 19. Jahrhunderts beherrschte die Landwirtschaft das wirtschaftliche System. Die Produktion von Wolle sowie der Anbau von Getreide und Obst bildeten die Grundlagen der Wirtschaft. Damit galt Südafrika, weitab von den Industrie- und Handelszentren der Welt wie London oder Amsterdam, als armes Land. Es zog kein besonderes Interesse von Wirtschaft und Politik auf sich.

Dies änderte sich mit der Entdeckung der Diamanten bei Kimberley im Jahre 1869 und des Goldes bei Johannesburg 1886 schlagartig: Kapital und Fachkräfte aus England ließen Südafrika, zunächst als britische Kolonie und seit 1910 als Union von Südafrika im Britischen Commonwealth, zu einem Bergbauland von Weltrang werden.

Die Buren, die ersten Kolonisatoren am Kap, blieben bis in die fünfziger Jahre hinein weitgehend Landwirte. Erst mit der zunehmenden Bedeutung der Industrie, die den Bergbau nach dem Zweiten Weltkrieg sehr schnell überflügelte, nahmen auch die Buren mehr und mehr an der wirtschaftlichen Entwicklung des Landes teil.

Mit inländischem und ausländischem Kapital, mit eigenen und internationalen Fachleuten wurde Südafrika zu einer führenden Industrienation auf der Südhalbkugel. Eisen- und Stahlindustrie, chemische Industrie sowie Fahrzeug- und Maschinenbau sind ebenso gut entwickelt wie die unterschiedlichen Bereiche der Konsumgüterindustrie.

Die Dienstleistungen im Handel und Bankgewerbe, in der Nachrichtenübermittlung oder im Verkehrswesen sind hervorragend organisiert und beschäftigen immer mehr Menschen.

Der industrielle Fortschritt und der damit einhergehende relative Wohlstand können jedoch die Probleme Südafrikas nicht überdecken, ja machen sie zuweilen erst offensichtlich. Im Land am Kap prallen «Erste Welt» und «Dritte Welt» aufeinander und bündeln sich die Spannungen des «Nord-Süd-Konflikts» wie unter einem Brennglas.

Etwa 60 Prozent der Schwarzen leben an der Armutsgrenze. Die meisten verfügen über eine schlechte oder gar keine Ausbildung und haben daher kaum Chancen auf dem Arbeitsmarkt. Zugleich drängen jährlich Hunderttausende von jungen Leuten nach, so daß

Waenhuiskrans, ein
Fischerort am Kap
Agulhas, dem süd-
lichsten Punkt des
Kontinents. Eine
Reihe der alten
Fischerhäuser stehen
unter Denkmal-
schutz.

Die Fischer von
Waenhuiskrans
brauchen sich keine
Sorgen zu machen:
Die flache, klippen-
reiche Agulhas-
Bank vor der stür-
mischen Südspitze
Afrikas ist einer der
ertragreichsten
Fischgründe der
Welt.

sich der Wettbewerb und damit Arbeitslosigkeit und Armut noch mehr ausbreiten. Auf diese Weise gehen geringer Bildungsstand, hohes Bevölkerungswachstum und schlechte Bezahlung eine möglicherweise fatale Verbindung ein, die nur sehr schwer unter Kontrolle zu halten ist. Auch wenn das Land große Anstrengungen unternimmt, um das Erziehungs- und Ausbildungswesen zu verbessern und allen Bevölkerungsschichten zugänglich zu machen, wird es mit Sicherheit noch Jahre dauern, bis sich die Lage entspannt.

Viele der vormals arbeitslosen Schwarzen haben begonnen, sich jenseits des staatlichen Zugriffs selbst zu helfen. Sie schufen sich neue Erwerbsmöglichkeiten im sogenannten informellen Sektor, der inzwischen etwa ein Drittel des Bruttosozialprodukts erbringt und sich damit zu einem nicht unbedeutenden Faktor der Gesamtwirtschaft entwickelt hat.

Zum informellen Sektor zählen der Bereich des ambulanten Kleinhandels, Taxiunternehmen, die in den Townships bereits einen großen Teil des Nahverkehrs übernommen haben, sowie kleine Handwerksbetriebe und andere «Selbsthilfeprojekte».

Politische und soziale Strukturen

Nach dem Ende der Politik der Apartheid stehen der Republik Südafrika umfangreiche politische Veränderungen ins Haus. Neben der Verwirklichung der Forderung «one man, one vote» durch allgemeine, freie, gleiche und geheime Wahlen gilt es, demokratische Strukturen nicht nur im Parlament, sondern in allen staatlichen Organisationen zu etablieren. Dabei müssen die Rechte der Regierung ebenso neu definiert werden wie jene der einzelnen Bundesstaaten, Bezirke, Städte und Gemeinden. Es gilt ein ausgewogenes Gleichgewicht zu schaffen zwischen zentraler Verwaltung und demokratischer Selbstverwaltung. Zwischen den fortschrittlichen und traditionellen politischen Kräften muß in der Verfassung ein Ausgleich gefunden werden, und für die Wirtschaft müssen Rahmenvorgaben entwickelt werden, die einen Kompromiß zwischen der reinen Lehre der Marktwirtschaft und staatlichem Dirigismus ermöglichen.

Die sozialen Strukturen werden bestimmt durch die Nachwirkungen der Politik der Rassentrennung: Einer weitgehend wohlhabenden Bevölkerung von Weißen und Indern und einer in den Mittelstand aufrückenden Mischlingsbevölkerung steht eine sozial meist unterprivilegierte schwarze Bevölkerung gegenüber. Zwar gibt es mehr und mehr Schwarze, die dem Mittelstand zugerechnet werden können, und hie und da auch wohlhabende Schwarze, doch ist das Los der überwiegenden Mehrheit der schwarzen Bevölkerung Armut, Unterbeschäftigung und Arbeitslosigkeit. Da das Bevölkerungswachstum mit etwa zweieinhalb Prozent im langjährigen Mittel bei den Schwarzen so groß ist, daß es jeglichen sozialen Fortschritt gleich wieder «aufzehrt», ist mit einer Verbesserung der Situation erst allmählich zu rechnen.

Während sich in den Städten eine verantwortungsbewußte Familienplanung durchgesetzt hat, auf dem Lande und bei den Schwarzen die Zahl der Kinder pro Familie aber immer noch bei etwa sieben liegt, zieht es immer mehr Menschen vom Land an den Rand der Wohlstand und Reichtum verheißenden Städte, was den Grad der Verelendung nur noch erhöht. Daß das Erziehungs- und Ausbildungswesen diesem Bevölkerungsdruck nicht mehr gewachsen und unter solchen Bedingungen nicht mehr finanzierbar ist, verschärft die Lage zusätzlich. Ebenso kann die Privatwirtschaft alleine Arbeitsplätze für so viele junge Menschen nicht schaffen, so daß der Staat Arbeitsbeschaffungsprojekte finanziert.

Dabei steht Südafrika sozial an einer «Schwelle»: Gelingt es der Republik ein modernes Industrieland mit gut ausgebildeter Bevölkerung zu werden, oder droht der Abstieg auf das Niveau so vieler Entwicklungsländer des afrikanischen Kontinents?

Oben, Mitte, unten: Weinlese in der südwestlichen Kapregion. Die klimatischen Bedingungen für den Weinanbau sind in dieser Region äußerst günstig, die Weine erreichen Spitzenqualität (siehe auch Seite 39).

Bei Oudtshoorn in der Kleinen Karoo liegt diese typische Farm.

219

Daten zur Geschichte Südafrikas:

Vor etwa einer Million Jahren: Funde von Taung, Swartkrans, Sterkfontein, Kromdraai und Mapakansgat beweisen, daß schon sehr früh menschenähnliche Wesen Südafrika besiedelten, ehe vor 100 000 Jahren erstmals der Homo sapiens hier auftritt.

35 000 v. Chr.: Die Anwesenheit der San-Buschmänner ist durch schwer zu enträtselnde Felsbilder, steinzeitliche Geräte und Knochenfunde belegt.

5000–4000 v. Chr.: Eine Vielzahl von Felsbildern entsteht, deren Tradition bis ins 19. Jahrhundert fortgeführt wurde.

Um 1000 v. Chr.: Das Schaf ist bereits als Haustier bekannt, ebenso wird getöpfert, Metalle finden jedoch noch keine Verwendung.

Um 600 v. Chr.: Phönizier umsegeln das Kap der Guten Hoffnung von Ost nach West.

200 v. Chr.: Die KhoiKhoi sind als Nomaden im Kapland nachgewiesen.

Um die Zeitenwende: Beginn der großen Bantuwanderungen aus Zentralafrika nach Süden. Die KhoiSan-Urbewohner werden allmählich nach Südwesten zurückgedrängt.

200 n. Chr.: In Transvaal und Natal wird Ackerbau betrieben.

1300–1600: Phasenweise Besiedlung ganz Südafrikas mit Bantustämmen, die auch die Metallverarbeitung mitbrachten.

1488: Bartholomeu Diaz erreicht das Kap der Guten Hoffnung.

7.11.1497: Vasco da Gama macht auf dem Weg nach Indien in der St. Helena Bay Station.

1580: Sir Francis Drake umsegelt das Kap.

6.4.1652: Jan van Riebeeck landet an der Tafelbucht und gründet eine erste Handels- und Versorgungsstation für die Schiffe auf dem Seeweg nach Indien.

1666: Baubeginn der Festung Kapstadt.

1679: Simon van der Stel gründet Stellenbosch.

1688: Ankunft der ersten hugenottischen Siedler.

18. Jahrhundert: Durch Frauenmangel bei den Weißen entstehen die ersten Mischlingsgruppen.

1799: Erster Grenzkrieg, als Xhosa die Grenze der Kapkolonie, den Fish River, überschreiten.

1795–1803: Erstmalige britische Besetzung des Kaps, danach Rückgabe an Holland.

1806: Zweite britische Besetzung des Kaps.

1814: Holland tritt die Kolonie an England ab.

1820: Ankunft von 5000 britischen Siedlern, Gründung von Port Elizabeth.

1828: Tod des Zulukönigs Shaka.

1834: Abschaffung der Sklaverei in der britischen Kolonie.

Oben links: Von Schwarzen und Weißen gleichermaßen geschätzt wurde der Sotho-Führer Moshoeshoe (1790 bis 1870), ein brillanter Stratege und Diplomat.

Oben Mitte: Piet Retief (1780–1838), Leiter und Generalkommandant der Voortrekker.

Oben rechts: Paul Krüger (1825 bis 1904), von 1883 bis 1900 Präsident der Transvaal-Republik (Foto um 1901).

Unten links: Cecil Rhodes (1853 bis 1902), Diamantenmagnat, Finanz- und Premierminister der Kapkolonie (Foto um 1900).

Unten Mitte: Lord Horatio Herbert Kitchener, britischer Heerführer im Burenkrieg (1850 bis 1916; Foto von 1915).

Unten rechts: Jan Christiaan Smuts (1870–1950), zweimaliger Ministerpräsident der Südafrikanischen Union (Foto von 1919).

1835: Gründung von Durban.
1835–1838: Großer Treck der Buren aus der Kapkolonie, kriegerische Auseinandersetzungen mit den Zulu und Gründung der Republik Natal.
1843: Natal wird britische Kolonie.
1855: Gründung von Pretoria, das 1860 Regierungssitz wird.
1860: Erstmalige Anwerbung indischer Arbeiter für die Zuckerrohr-Plantagen von Natal.
1867: Bei Hopetown werden die ersten Diamanten entdeckt.
1869: Entdeckung der riesigen Diamantenvorkommen rund um Kimberley.

1925: Afrikaans wird Englisch und Holländisch als Staatssprache gleichgestellt.
1931: Das Statut von Westminster beendet die britische Einflußnahme und garantiert die Souveränität der Union von Südafrika.
1948: Bei der Parlamentswahl kommt die Nationale Partei an die Macht, die ab dann in Südafrika regiert.
1952: Aufstände in den schwarzen Townships von Port Elizabeth und East London.
1959: Gründungen des Pan Africanist Congress (PAC) unter Robert Sobukwe.

Mit etwa neunzig Männern, Frauen und Kindern erreichte Jan van Riebeeck am 6. April 1652 die Tafelbucht und gründete hier für die Niederländisch-Ostindische Kompanie eine Handels- und Versorgungsstation.

1871: Bei Eersteling wird erstmals Gold gefunden.
1877: Sir Shepstone annektiert die Republik Transvaal für England.
1879: Krieg Englands gegen die Zulu und Besetzung des Zululandes.
1880: Ausbruch des ersten Burenkrieges.
1883: Paul Krüger wird Präsident der Republik Transvaal.
1886: Beginn der Ausbeutung der Goldfelder am Witwatersrand und Gründung Johannesburgs.
1892: Fertigstellung der Eisenbahnlinie zwischen Kapstadt und Johannesburg.
1899–1902: Großer Burenkrieg zwischen den britischen Truppen und den Burenrepubliken, der am 31.5.1902 mit dem Frieden von Vereeniging endet.
31.5.1910: Die Union von Südafrika mit der Kapprovinz, Natal, dem Oranje-Freistaat und Transvaal wird gegründet.
1912: Gründung des South African Native National Congress, der sich 1923 in African National Congress (ANC) umbenennt.
1915: Südafrikanische Truppen unter General Botha besiegen die deutsche Schutztruppe in Südwestafrika.
28.6.1919: Südafrika erhält im Vertrag von Versailles das Mandat über Südwestafrika und verleibt es sich de facto als fünfte Provinz ein.
1923: Erste Platinfunde in Transvaal.

1960: Beim «Massaker von Sharpeville» werden bei einer Demonstration gegen die Rassengesetze von der Polizei 69 Menschen erschossen. ANC und PAC werden verboten, ihre Führer ins Gefängnis gebracht oder ins Exil getrieben.
1961: Albert Luthuli erhält für die Propagierung des gewaltfreien Widerstands den Friedensnobelpreis.
1967: Erste Herztransplantation durch Christiaan Barnard.
1972: Die Black People's Convention wird gegründet als koordinierende Institution der Black Consciousness Movement.
1976–1981: Formelle Unabhängigkeit der sogenannten Homelands Transkei, Bophuthatswana, Venda und Ciskei.
1977: Tod von Steve Biko, dem Führer der Black Consciousnes Movement.
1984: Die Lockerung des Group Areas Act führt zur Öffnung der Geschäftszentren der Städte für Angehörige aller Rassen.
1989: Rücktritt von Staatspräsident Botha. Nachfolger De Klerk beginnt mit der Abschaffung der Rassengesetze.
2.2.1990: Haftentlassung Nelson Mandelas und Aufhebung des Verbots von politischen Organisationen.
13.12.1990: ANC-Präsident Oliver Tambo kehrt aus dem Exil zurück. Nelson Mandela wird sein Nachfolger im Amt.
1991: Weitgehende Aufhebung der Apartheidsgesetzgebung.
1994: Nelson Mandela wird Staatspräsident.
1997: Thabo Mbeki wird ANC-Präsident.

In den Drakensbergen entspringen drei große Flüsse Südafrikas, der Oranje, der Vaal und der Tugela, die in einem Großteil des Landes Städte, Industrie und Landwirtschaft mit Wasser versorgen. Im Hintergrund: Cathkin Peak.

Zu Füßen der Outeniquaberge lädt der Swartvlei an der Gartenroute Bootfahrer, Surfer und Angler zum Freizeitvergnügen ein.

Stadt und Land – ein Glossar

Landschaften und Regionen

Drakensberge Als Drakensberge wird der Gebirgszug bezeichnet, der das Binnenhochland auf der Ostseite Südafrikas abschließt. Sie tragen den Namen «Drachenberge», da den zahlreichen Sagen zufolge in den Höhlen und Felsnischen der über tausend Meter hohen Felswand Drachen leben sollen.

Die Drakensberge bieten im Osten der Provinz Mpumalanga zwischen Tzaneen und Barberton einen besonders eindrucksvollen Anblick: Der circa 1000 Meter hohe Gebirgswall gipfelt teilweise in Graten und Felsburgen. Flüsse wie der Blyde und der Olifants River queren den Gebirgswall in tiefen Schluchten, malerische Wasserfälle stürzen über steile Felswände herab, von deren Höhen man einen herrlichen Blick in das Tiefland mit dem Krüger-Nationalpark hat.

Die Drakensberge von Kwazulu/Natal zwischen dem Royal-Natal-Nationalpark und dem Giant's Castle Game Reserve sind noch gewaltiger. Hier erreicht die Gebirgsmauer, die auf das Hochland von Lesotho, das «Dach Südafrikas», hinaufführt, fast 2000 Meter Höhe.

Freistaat Die Provinz Oranje-Freistaat, seit 1995 als Freistaat benannt, liegt auf dem zentralen Hochland von Südafrika in durchschnittlich 1300 Meter Höhe. Warme, regenreiche Sommer und kalte, trockene Winter bestimmen die klimatischen Verhältnisse. Bis zu sechzig Tage Frost behindern das Wachstum von Bäumen, so daß subtropische Grasfluren überwiegen. Lange Zeit ein Sommerweidegebiet für die Herden der Sotho im Osten und der Tswana im Westen, wurde der Oranje-Freistaat in der Mitte des 19. Jahrhunderts von weißen Farmern besiedelt. Heute liegt hier die Kornkammer Südafrikas, das Zentrum der Maisproduktion des Landes; Viehhaltung ergänzt die landwirtschaftliche Nutzung. Im Norden reicht der «Goldene Bogen» der Goldfelder des Witwatersrandbeckens in die Provinz; trotz der Bodenschätze ist sie aber in erster Linie ein Land der Farmer geblieben.

Die Bevölkerung von knapp zwei Millionen Einwohnern besteht zu etwa 75 Prozent aus Schwarzen, die vorwiegend im Bergbau, in der Industrie und auf den Farmen arbeiten, sowie zu fast zwanzig Prozent aus Weißen. Als Zentrum des Burentums werden im Oranje-Freistaat die Sprache Afrikaans und die burische Tradition hochgehalten.

Gauteng Die Region Pretoria-Witwatersrand-Vereeniging erhielt 1994 den Status einer Provinz und 1995 den Namen Gauteng. Sie umfaßt das «Herzland» Südafrikas mit dem Wirtschaftszentrum Johannesburg und der Landeshauptstadt Pretoria. Die Einwohnerzahl wird auf neun Millionen geschätzt. Die Bedeutung der Provinz als Finanz- und Handelszentrum reicht bis nach Zentral- und Ostafrika. In Gauteng werden die höchsten Einkommen im ganzen südlichen Afrika gezahlt, und so ist die Region ein Magnet für Menschen aus dem Subkontinent. Viele werden allerdings aus Armut in die Kriminalität gedrängt, so daß Johannesburg zu den «gewalttätigsten» Städten der Welt gehört. Pretoria mit dem Regierungssitz des Union Building, den historischen Gebäuden und seinen Jakaranda-Alleen hat zwar nicht die Hektik und den Glanz der Weltstadt Johannesburg, lädt aber ebenfalls zum Shopping ein.

Gartenroute Die Gartenroute gehört zu den bekanntesten Fremdenverkehrsgebieten Südafrikas. Sie verläuft zwischen Port Elizabeth und Mossel Bay entlang der Südküste des Landes. Da hier fast das ganze Jahr über reichlich Regen fällt, bietet dieses Gebiet eine üppige, farbenprächtige Vegetation. Dichte Urwaldgebiete mit immergrünen Wäldern wechseln mit Lagunen und reizvollen Buchten und schaffen so ein kleines Paradies.

«Das Land trägt den Namen Outeniqua, der bei den Hottentotten bedeutet: ·mit Honig beladener Mann·», schrieb Le Vaillant (siehe Seite 52, 53, 112, 113 und 123) beeindruckt von dem heute als Gartenroute bezeichneten Gebiet. – Links: Tsitsikamma-Küsten-Nationalpark. – Rechts: «The Heads» (oben), Wilderness (Mitte) und der Friedhof von Mossel Bay (unten).

225

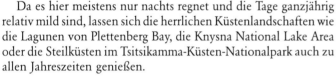

Da es hier meistens nur nachts regnet und die Tage ganzjährig relativ mild sind, lassen sich die herrlichen Küstenlandschaften wie die Lagunen von Plettenberg Bay, die Knysna National Lake Area oder die Steilküsten im Tsitsikamma-Küsten-Nationalpark auch zu allen Jahreszeiten genießen.

Kalahari In der Provinz Nordkap hat Südafrika einen kleinen Anteil an der «Sandschüssel» der Kalahari. Sie erstreckt sich weit nordwärts durch Botswana bis an den Sambesi-Strom. Berühmt ist die Kalahari durch den Kalahari-Gemsbok-Nationalpark, der zwischen Namibia und Botswana liegt. Die menschenleeren Steppen- und Dünenlandschaften sind überaus reich an Wild wie Spießböcken, Elenantilopen, Löwen, Geparden, Straußen und anderen Tierarten. Vereinzelt leben hier noch San-Buschmänner in kleinen Gruppen nach Art der Jäger und Sammler, sie sind letzte Zeugen einer aussterbenden Kultur.

Kapland Der Südwesten des Landes, ein Gebiet im Umkreis von etwa 200 Kilometern um Kapstadt, hat innerhalb Südafrikas einen ausgeprägt eigenen Charakter. Klima und Pflanzenwelt erinnern an den Mittelmeerraum, die Weizenfelder, Obstgärten und Weinberge vor der Kulisse der steilen Gebirgsketten vermitteln den Eindruck als wäre man in Südfrankreich. Hinzu kommt eine für Südafrika «alte» Kultur: Hier liegt die «Mutterstadt» des Landes, das 1652 gegründete Kapstadt; zahlreiche Häuser und Kirchen zeugen heute noch von kapholländischer Bauweise, Wohnkultur und Kunsthandwerk. Die traditionelle Küche und die ausgezeichneten Kapweine erhöhen die Reize dieser Region noch. Weil die Bewohner des Kaplandes über Jahrhunderte Kontakte nach Übersee hatten, sind die Menschen hier offener und liberaler als im Landesinneren, wo man sich mehr abkapselte und eigenbrötlerisch wurde. So gehört das Kapland zu den schönsten Gebieten Südafrikas und zieht verständlicherweise alljährlich viele Touristen an.

Kapregion Mit etwa 645 000 Quadratkilometern war die Kapprovinz die größte Verwaltungseinheit Südafrikas. Seit Januar 1994 ist sie im Rahmen der Neugliederung des Landes in die Provinzen Westkap mit der Hauptstadt Kapstadt, Nordkap mit der Hauptstadt Kimberley und Ostkap mit der vorläufigen Hauptstadt Bisho/King Williamstown aufgeteilt. Die Provinz Ostkap umfaßt auch die ehemaligen «unabhängigen Homelands» Ciskei und Transkei.

Die Kapregion erstreckt sich von der Kaphalbinsel und Kapstadt im Süden über den Oranjefluß hinweg bis nach Norden in die Kalahari an der Grenze zu Botswana. Vom Atlantischen Ozean auf der Westseite reicht sie bis zum Indischen Ozean an der Süd- und Südostküste. Schroffe Gebirgsketten und hügelige Landstriche sind hier ebenso zu finden wie wüstenhafte Gebiete wie die steinige Karoo oder die Kalahari; Lagunenküsten mit herrlichen Stränden wechseln mit Steilküsten, die zum Fischen einladen.

Auch wenn die Wirtschaft der Region die verschiedendsten Facetten aufweist, wovon die alten Zentren des Bergbaus im Nordkap – Kimberley für Diamanten, Hotazel («hot as hell», heiß wie die Hölle) für Eisenerz oder Okiep für Kupfer und Blei – und moderne Industrieanlagen wie bei Kapstadt, Port Elizabeth und East London zeugen, bildet die Landwirtschaft das Fundament des Wohlstands. Der Südwesten, das Tal des Oranje und die fruchtbaren Täler im Osten sind mit Hilfe von Bewässerungssystemen intensiv landwirtschaftlich genutzt, vor allem durch den Anbau von Wein, Zitrus- und anderen Früchten. Die Halbwüsten des Binnenlandes werden als Weidegebiete für Wollschafe und Angoraziegen genutzt.

Die Gebiete der früheren Ciskei und Transkei im Ostkap bewirtschaften Kleinbauern, die oft nur für die Selbstversorgung produzieren. Mangel an Land in den dicht bevölkerten Wohngebieten der Xhosa, Mangel an Kapital und know how und minimale Einkommen aus der Landwirtschaft machen diese Gebiete zu Armuträumen. Die meisten Männer, in zunehmendem Maß auch Frauen,

Eine Ahnung von Unendlichkeit vermittelt die Kalahari. Dem Menschen jedoch wird die Endlichkeit seines Tuns deutlich vor Augen geführt, auch wenn er aus dem scheinbaren Nichts noch Energien schöpft.

Rechte Seite: Oben: Bei Clanwilliam in der Provinz Westkap.

Unten: Ein eindrucksvoller Kontrast zu den tosenden Wasserfällen im Augrabies-Falls-Nationalpark – die karge, trockene Halbwüsten-Landschaft des Buschmannlandes.

Ihren Namen verdankt Coffee Bay, ein beliebter Ferienort an der Wild Coast, einem Schiffswrack, dessen Ladung Kaffeebohnen angeblich hier an den Strand gespült wurde.

Eine Farm bei Calitzdorp in der Kleinen Karoo.

24 Kilometer lang,
fünf Kilometer breit
und fast 400 Meter
tief ist die Oribi-
Schlucht des Mzim-
kulvana im Oribi
Gorge Nature
Reserve in Natal.

arbeiten als Gastarbeiter in den Industrie- und Dienstleistungszentren wie Kapstadt oder auf den Farmen; viele sind zum Witwatersrand gezogen, dem «Ruf des Goldes» folgend. Seit einigen Jahren verfällt die Infrastruktur an Straßen, Schulen und kleinen Krankenhäusern: Ciskei und Transkei sind «dritte Welt» in Südafrika.

Zunehmend wichtig als Wirtschaftsfaktor in der Kapregion wird der Fremdenverkehr: Herrliche Naturlandschaften wie die Kaphalbinsel, die Gebirgsketten des Kaplandes und von Ostkap oder die Küsten laden zum Wandern oder zu Rundfahrten ein. Weite und Einsamkeit findet man in der Karoo und der Kalahari. Die Wilde Küste nördlich von East London hat Züge des ursprünglichen Südafrika bewahrt, ist aber nicht ungefährlich.

Karoo Die Karoo ist eine halbwüstenhafte Landschaft im Süden des Landes. Abgelegen von den regenbringenden Winden, im Regenschatten der Gebirgsketten und der Randstufe, hat sich hier nur eine niedrige Strauchsteppe entwickelt. Durch Überweidung mit Schafen und Ziegen hat der Mensch das ohnehin schon öde Gebiet zur Halbwüste gemacht. Nur an den Wasserläufen oder an Grundwasserstellen hat sich Obst- und Weinbau gehalten. Die Weidewirtschaft indes hat stark an Bedeutung verloren. Während das Städtchen Oudtshoorn in der Kleinen Karoo mit seinen Straußenzuchtfarmen viele Fremde anlockt, haben sich Stille und Ursprünglichkeit der Karoo im Karoo-Nationalpark oder im wüstenhaften Tankwa-Karoo-Nationalpark südlich von Calvinia bewahrt.

Kwazulu/Natal Auf der Ostseite Südafrikas mit der Hauptstadt Pietermaritzburg und der Metropole Durban liegt Natal, seit 1994 mit Zululand zur Provinz Kwazulu/Natal vereint. Das Land steigt stufenförmig von der tropisch-heißen Küste am Indischen Ozean über die milden, ganzjährig feuchten Hügel von Zululand und der Natal Midlands bis zu den Berggipfeln der Drakensberge auf. Eindrucksvolle Naturlandschaften von den Lagunen der Küste des St.-Lucia-Komplexes über die Wildschutzgebiete wie Hluhluwe oder Umfolozi bis zu den Hochgebirgsszenerien des Royal-Natal-Nationalparks prägen die sehr dicht besiedelte Region. Das in der Küstenebene subtropische, im übrigen Gebiet gemäßigte Klima erlaubt den Anbau unterschiedlichster Obstsorten und Früchte: Zuckerrohr und Bananen an der Küste, Äpfeln und Kirschen im Hochland. Die Provinz profitiert von ihrer Lage am Meer, wo Durban zum größten Hafen Südafrikas aufstieg. Die Industrie hat eine lange Tradition und ist sehr gut entwickelt. Steinkohle wird über den modernen Frachthafen von Richards Bay ausgeführt. Grundlage für eine florierende Holz- und Papierindustrie bilden die Forsten in den feuchten Natal Midlands. Feinsandige Strände am Indischen Ozean, aber auch der reiche Wildbestand im Hinterland der Nordküste und die Gebirgswelt im Südwesten ziehen den Fremdenverkehr an. Die Bevölkerung besteht aus drei Hauptgruppen: den Zulu als dem größten Bantuvolk Südafrikas, den Weißen vornehmlich britischer Herkunft und den Indern, die seit dem 19. Jahrhundert in Natal ansässig sind.

Nordwestprovinz Die 1994 neu geschaffene Provinz mit etwa vier Millionen Einwohnern umfaßt große Teile des traditionellen Siedlungsgebietes der Tswana. Zwischen 1977 und 1993 trug das Gebiet als «unabhängiges Homeland» den Namen Bophuthatswana. Die Wirtschaft der neuen Provinz hat durch den Platinbergbau im Norden, durch Goldbergbau und Schwerindustrie im Osten und durch eine blühende Farmwirtschaft ein solides Fundament. Während die westlichen Teile im Übergang zur Kalahari von der Ausdehnung der Wüste betroffen sind, profitieren die östlichen Gebiete von der Nähe zum Witwatersrand und zu Pretoria: Einige hunderttausend Pendler arbeiten in der südafrikanischen Metropolenregion Gauteng. Als wichtiger Wirtschaftszweig entwickelt sich der Tourismus, wobei das Vergnügungszentrum Sun City als «Las Vegas» von Südafrika die besondere Attraktion darstellt.

Im Royal-Natal-
Nationalpark. Der
an den Abhängen
der Drakensberge
gelegene Park wurde
1916 gegründet.

Transkei Die Transkei ist eine wichtige historische Region der Xhosa. Das Hügel- und Bergland erstreckt sich im Südosten der Provinz Ostkap zwischen dem Indischen Ozean und dem Hochland von Lesotho. Es gehört zum Kernsiedlungsgebiet der Xhosa, die mit mehr als drei Millionen Einwohnern achtzig Prozent der Bevölkerung ausmachen. Da die Transkei seit dem 19. Jahrhundert ein Rekrutierungsgebiet für Arbeitskräfte auf die Farmen, in den Bergbau und die Industrie Südafrikas darstellt, hat sich eine eigenständige wirtschaftliche Entwicklung nicht ergeben. Die meisten Familien leben daher von der Landwirtschaft und dem Geld, das die Männer als Gastarbeiter in den Industrien oder auf den Farmen der Kernregionen Südafrikas verdienen. In der ehemaligen Hauptstadt Umtata hat sich ein kleiner Dienstleistungs- und Industriesektor entwickelt. Für den Fremdenverkehr von Bedeutung ist die Wilde Küste am Indischen Ozean und das «traditionelle» Stammesleben der Xhosa.

Transvaal Im Nordosten Südafrikas liegt die ehemalige Provinz Transvaal. Mit Städten wie der Finanz- und Industriemetropole Johannesburg, dem «Gold- und Städtebogen» des Witwatersrand, der Hauptstadt Pretoria und 14 Millionen Einwohnern war sie die mächtigste Provinz des Landes. Im Rahmen der Neugliederung Südafrikas entstanden im Januar 1994 vier neue Provinzen: Gauteng mit der Hauptstadt Johannesburg, die Nordprovinz mit der Hauptstadt Pietersburg, die Provinz Osttransvaal – seit 1995 Mpumalanga («Land der aufgehenden Sonne») – mit der Hauptstadt Nelspruit. Der Südosten des alten Transvaal mit Teilen von Bophuthatswana wurde der neuen Nordwestprovinz zugeschlagen.

Das frühere Transvaal, besteht aus einem Hochplateau von durchschnittlich 1500 Metern ü. d. M., das in der Gebirgsmauer der Drakensberge im Osten bzw. an den Soutpansbergen im Norden um ca. 1000 Meter gegen das Tiefland abbricht. Während hier das Klima randtropisch heiß und sommerfeucht ist, herrscht im Hochland ein mildes subtropisches Klima mit kalten Wintern und warmen Sommern. Bis zur Entdeckung der Goldlagerstätten bei Johannesburg 1876 wurde das Hochland von der schwarzafrikanischen und burischen Bevölkerung landwirtschaftlich genutzt.

Die Goldfunde, der Zuzug von Menschen und Kapital, die Entwicklung der Industrie, der Dienstleistungen und des Verkehrswesens führten dazu, daß sich im Norden von Transvaal um Johannesburg das größte städtische Ballungsgebiet im südlichen Afrika entwickelte, heute die Provinz Gauteng.

Das wirtschaftliche Niveau und die Leistungsfähigkeit der neuen Provinzen innerhalb von Transvaal unterscheiden sich beträchtlich. Gauteng besitzt einen modernen Bergbau auf Gold und Uran, eine breite Industriebasis, und ist zugleich eine Finanz-, Handels- und Dienstleistungsregion von Weltrang. Mpumalanga verfügt über riesige Steinkohlevorkommen, Großkraftwerke und Metallhütten, dazu über eine solide Landwirtschaft mit Maisanbau und Viehhaltung auf dem Hochland, tropischen Früchten und Zuckerrohr im Tiefland. Der Bergbau auf Platin und Chrom ist eine solide Wirtschaftsbasis der Nord- und Nordwestprovinz. Mit den ehemaligen Homelands haben die neuen Provinzen aber Armutsgebiete mit hoher Bevölkerungsdichte «übernommen», die als «dritte Welt» im neuen Südafrika dringend auf Entwicklung warten.

Venda Hier, im äußersten Norden von Südafrika, sind seit dem 17. Jahrhundert die Venda heimisch, die um die Zeitenwende in das südliche Afrika einwanderten. Das Bantuvolk lebt vielfach noch in traditionellen Dörfern und hat sich viel von seinen kulturellen Eigenheiten bewahrt, auch wenn das Abwandern der Männer im arbeitsfähigen Alter in die Townships der großen Wirtschaftszentren die gewachsenen gesellschaftlichen Strukturen allmählich zerstört. Daß die Venda äußerst geschickte Handwerker sind, stellen sie vor allem in der Holzschnitzkunst, der Metallbearbeitung und der Töpferei unter Beweis.

Oben: An den mittleren Teil des Krüger-Nationalparks schließen sich im Westen einige private Wildschutzgebiete an. Das größte von ihnen ist das Sabi Sand Private Nature Reserve.

Hauptattraktion des Giant's Castle Game Reserve in den Drakensbergen sind die vielen Felszeichnungen der San, die man in Höhlen und Felsüberhängen der Umgebung bewundern kann (Mitte). In der Main Cave wurde die Lebenswelt einer San-Familie rekonstruiert (unten).

Nicht nur von touristischem Interesse, sondern auch für den Ethnologen bedeutsam sind ihre umfangreichen, oft monatelangen Initiationsfeiern.

Zululand   Im Norden der Provinz Kwazulu/Natal liegt das traditionelle Siedlungsgebiet der Zulu. Das milde randtropische bis subtropische Klima begünstigt die landwirtschaftliche Nutzung, so daß sich etwa seit 1000 n. Chr. die Vorfahren der heutigen Zulu hier niederließen. Unter ihrem legendären Führer Shaka erstarkten die Zulu im frühen 19. Jahrhundert und machten sich die benachbarten

Stämme durch geschickte Kriegsführung untertan. Bald entwickelte sich ein einflußreiches Königreich. Bei der Schlacht am Blood River 1838 unterlagen die Zulu jedoch den Voortrekkern, die aus dem Kapland kommend auf der Suche nach neuen Siedlungsgebieten waren. Heute verdingen sich die meisten Zulu als Gastarbeiter in der Landwirtschaft, im Bergbau und in der Industrie der Republik Südafrika.

Die Zulu haben ihre ruhmreiche Geschichte jedoch nicht vergessen, und so strebt Kwa Zulu, wie das Gebiet heißt, eine einflußreiche Position im Staat Südafrika an.

Fortsetzung Seite 245

DIE TIERWELT SÜDAFRIKAS:
KRÜGER-NATIONALPARK
ADDO-ELEPHANT-NATIONALPARK

Im trüben Wasser scheinen einige große, graue Steine zu liegen. Es sind
Flußpferde … Die kurzen Ohren, die hervortretenden Augen und die
Nasenlöcher sind alles, was sie uns zeigen. Die Neugier aber siegt doch, als
sie uns sehen, und zwei der Kolosse nähern sich dem Ufer. Wie
Urwelttiere stehen sie vor uns und starren uns an. Dann scheinen sie sich
zu erinnern: Uuuuuaaah … ein Auto! Wie langweilig! Weit reißt eines
der Tiere den breiten Rachen auf, daß das rosige Innere zu sehen ist. Wir
spüren ein Ziehen in den Kinnladen, es diesem Ur-Gähnen nachzutun.

Erna und Helmut Blenck

Tagsüber halten sich
Flußpferde meist im
Wasser auf. Ohne
Feuchtigkeit könn-
ten sie nicht überle-
ben, denn ihre Haut
ist äußerst empfind-
lich. Nachts äsen sie
an die hundert Kilo
Gras und Ried, das
sie nicht mit den
Zähnen, sondern
mit den starken
Lippen rupfen.

Nächste Doppel-
seite: An kühlen
Tagen lagern die
gedrungenen, trotz
ihrer bis über drei
Tonnen Gewicht
erstaunlich beweg-
lichen Paarhufer oft
auf Sandbänken.
Zu finden sind
Flußpferde vor
allem in den
Gewässern des
Krüger-National-
parks und in
Kwazulu/Natal.

Unverwechselbar: der Gepard, mit seinem vom Auge zum Mund laufenden schwarzen Streifen. Der «Windhund» unter den Katzen gilt als das schnellste Säugetier der Welt.

*In Wildreservaten –
etwa im Krüger-
Nationalpark oder
im Kalahari-Gems-
bok-Nationalpark –
geschützt, hat der
Löwe keine natür-
lichen Feinde und
kann den ihm
gebührenden Platz
als «König der
Tiere» einnehmen.
Links: Männliches
Tier. Rechts und
unten: Löwin mit
Jungem.*

Eine Breitmaulnas-
horn-Mutter behält
ihr Kleines wach-
sam im Auge. –
Die Geschichte von
der Rettung der wei-
ßen Nashörner, der
nach den Elefanten
größten Landsäuge-
tiere, ist einer der
erfreulichsten
Berichte über den
Artenschutz gewor-
den. Heute leben
von den etwa 3000
Breitmaulnashör-
nern des afrikani-
schen Kontinents
neunzig Prozent im
Krüger-National-
park und im Zulu-
land in Natal.

Zwischen der Suur-
berg-Kette und dem
Tal des Sundays
River liegt der
Addo-Elephant-
Nationalpark. Seit
Urzeiten war dieses
von nahezu un-
durchdringlichem
Dickicht durch-
zogene Gebiet
ein Zufluchtsort
der Tiere.

Eine Elefantenkuh stellt sich schützend vor ihr Junges. Die Elefanten leben im Matriarchat: Eine ältere Kuh ist Leittier der Herde, die gewöhnlich nur aus weiteren Kühen, Kälbern und noch sehr jungen männlichen Tieren besteht. Die geschlechtsreifen Bullen ziehen entweder allein durch den Busch oder bilden bis zur Paarungszeit lose Rudel.

Nächste Doppelseite: Giraffen und Steppenzebras. Die schwarz-weiß gestreiften Einhufer sind die einzigen «Pferde» auf den Steppen des südlichen Afrika. – Daß die langhalsige und stille Giraffe gemeinsame Vorfahren mit unserem röhrenden Rothirsch haben soll, überrascht.

Aufmerksam blickt ein Steppenzebra in die Richtung einer möglichen Gefahr. Nicht selten weiden diese «scharfsichtigen» Tiere zur Steigerung ihrer Sicherheit gemeinsam mit den äußerst geruchsempfindlichen Gnus.

Warzenschweine bevorzugen baum- und straucharme Grasflächen, während sie Wälder meiden. Nachts und in der größten Mittagshitze ruhen sie in einer Wohnhöhle, vormittags und nachmittags suhlen sie sich und trinken oder weiden.

Trotz ihres hunde-ähnlichen Aussehens sind Hyänen nicht mit Hunden verwandt. Sie stammen von schleich-katzenartigen Vorfahren ab. Selbst im Krüger-National-park begegnet man den scheuen Tüpfel-hyänen selten. Von sich hören lassen sie aber oft – vor allem nachts. Mit mark-erschütterndem Heulen nehmen die im Rudel jagenden Aasfresser Kontakt zu ihren Artgenossen auf.

Von größeren Insekten wie Heuschrecken und Käfern, aber auch von Früchten ernährt sich der Rotschnabeltoko. Der bis zu 45 Zentimeter große Vogel mit dem eindrucksvollen Schnabel sucht seine Nahrung meist paarweise oder in kleinen Trupps auf dem Erdboden. Seine Nistplätze findet der Rotschnabeltoko in Baumhöhlen der Busch- und Baumsavanne.

Die Nationalparks Südafrikas

Betrachtet man die labilen Landschaftssysteme des südlichen Afrika, die durch Naturereignisse und vor allem durch menschliche Eingriffe leicht aus dem Gleichgewicht geraten, so wird deutlich, daß speziell in diesem Raum ökologische Fragen von immenser Bedeutung sind. Südafrika, das heute als eines der wenigen Länder der Südhemisphäre wegen seines vergleichsweiser hohen Industrialisierungs- und Verstädterungsgrades mit ähnlichen Umweltproblemen zu kämpfen hat wie der industrialisierte und hochtechnisierte Norden, erkannte bereits vor der Jahrhundertwende den Vorteil der großflächigen Naturschutzgebiete. Bis dahin wurden ursprüngliche Pflanzenformationen zugunsten landwirtschaftlicher Nutzung einfach entfernt, das Wild wahllos abgeschossen. In ihrer Anfangsphase entstanden die Reservate für die Jagd.

Die vielen abwechslungsreichen Landschaften mit ihrer zumeist außergewöhnlichen Flora und Fauna erforderten mindestens ebenso viele Schutzgebiete. Über 24 000 verschiedene Pflanzenarten, von denen ein beträchtlicher Teil ausschließlich im Land am Kap der Guten Hoffnung vorkommt, etwa 300 Säugetier- und 800 Vogelarten – ein Zehntel aller auf der Welt bekannten – leben in den zahlreichen Nationalparks, Wildreservaten und Naturschutzgebieten, die eine Gesamtfläche von ungefähr acht Millionen Hektar aufweisen. Ganz zu schweigen von den unzähligen schillernden Insekten, den urtümlichen Echsen, Schlangen oder seltenen Fischen.

Derzeit verwaltet das National Parks Board siebzehn Parks und das Knysna-Seengebiet. Zum Teil unter provinzialer, kommunaler oder privater Verwaltung befinden sich zusätzlich zu diesen staatlichen Einrichtungen weit über hundert Reservate.

Krüger-Nationalpark. Gerade die Tierparks sind es, die Afrikas Faszination ausmachen, und da ist Südafrika dem Osten des Kontinents mit seinen weitläufigen Riesenparks durchaus ebenbürtig, wenn nicht gar überlegen, was Landschaft, Lebenswelt und Infrastruktur anbelangt. Bereits 1894 und 1898 erklärte der damalige Präsident der Südafrikanischen Republik, Paul Krüger, zwei größere Areale in Osttransvaal zum Naturschutzgebiet. Diese bildeten den Ursprung des Krüger-Nationalparks, dem heute noch einzigen in Transvaal.

Mit knapp zwei Millionen Hektar, was etwa der Fläche Hessens entspricht, ist der Krüger-Nationalpark an der Grenze zu Moçambique der größte, beliebteste und zugleich bekannteste Park in Südafrika. Bereits 1926 gegründet, beherbergt er auch die reichhaltigste Lebenswelt. Seine südlichen Landschaften, das sogenannte Lowveld oder Buschveld, bestehend aus sanft gewellten Grasebenen, unterbrochen durch busch- bis waldartige Zonen mit Mischvegetation. Einige dornige Akazienarten, Combretumbüsche und Marulabäume dominieren über weite Flächen mit Rot- und Büffelgras. Besonders dicht ist der Busch entlang der Flußbetten. Nördlich des Olifants River überwiegt der Mopanebaum mit seinen charakteristischen schmetterlingsförmigen Blättern. Dieses eiweißreiche Blattwerk ist vor allem bei Giraffen und Elefanten sehr beliebt. Auch die weltweit am weitesten südlich gelegenen Affenbrotbäume, jene Giganten der afrikanischen Trockensavannen, um die sich so zahlreiche Mythen ranken, finden sich im Krüger-Nationalpark. «Africas upside-down-tree» wird der Affenbrotbaum häufig genannt, wegen der afrikanischen Legende, nach der er seinem Schöpfer nicht gefiel, demzufolge ausgerissen und mit der Krone nach unten wieder eingepflanzt wurde, so daß nun die Wurzeln in den gleißenden Savannenhimmel ragen.

Mit einer selbst für afrikanische Maßstäbe außergewöhnlich reichen Tierwelt ist der Park Tourismus- und Forschungsziel zugleich. Allein 137 Säugetierarten, darunter die «Big Five» Elefant, Nashorn, Löwe, Leopard und Büffel sowie Geparden, Giraffen, Antilopen und Zebras, sorgen selbst in der Mittagshitze, vor allem aber nachts für ein Kommen und Gehen an den Wasserstellen und eine außergewöhnliche Geräuschkulisse. Die fast fünfhundert Vogelarten, über hundert verschiedene Reptilien und 49 Fischarten in den Gewässern runden das beinahe paradiesische Bild ab. Doch auch hier gibt es – wie in den meisten anderen afrikanischen Wildreservaten – ökologische Probleme, die zum einen durch negative Auswirkungen des Tourismus, zum anderen durch natürliche Schwankungen der Tragfähigkeit hervorgerufen werden. So ist zum Beispiel die Population von fast 8000 Elefanten in Dürrezeiten für das Ökosystem nur schwer zu verkraften und Schäden an den Gehölzen und ein Ausbreiten der Graslänäder kaum zu vermeiden. Andere Tiere, wie das Breit- und Spitzmaulnashorn, sind vor allem durch Wilderei von der Ausrottung bedroht.

Kalahari-Gemsbok-Nationalpark. Etwa zur gleichen Zeit wie der Krüger-Nationalpark entstand das zweite große Reservat Südafrikas, der Kalahari-Gemsbok-Nationalpark. Nachdem dort das Land von den Großfarmern wegen mangelnder Rentabilität aufgegeben worden war, konnte das Gebiet 1931 unter Naturschutz gestellt werden. Der Park, der etwa halb so groß ist wie der Krüger-Nationalpark, setzt sich im Gemsbok-Nationalpark auf dem angrenzenden Staatsgebiet Botswanas fort, so daß die Wanderungen der großen Tierherden unbeeinträchtigt bleiben. Kennzeichnend für das Gebiet zwischen den trockenen Flußtälern des Auob und des Nossob ist eine Halbwüstenvegetation auf alten Kalaharidünen. Nur vereinzelt stehen Kameldornbäume, Gelbholz, Weißstamm, Schwarzdorn, Rosinensträucher oder Gelber Kurzdorn. Die kargen Horstgräser bilden zusammen mit melonenartigen Strauchfrüchten die Hauptnahrungs- und Flüssigkeitsquelle für die Herden von Gnus, Elenantilopen, Springböcken oder auch Spießböcken. Dem Spießbock, der in Südafrika Gemsbok heißt, verdankt der Park auch seinen Namen. Das Wild bevorzugt die Gegenden um die trockenen Flußläufe, da unter der Oberfläche ausreichend Wasser vorhanden ist, das die unterschiedlich dichte Vegetation unterhält. Auch den Raubtieren ist dieses Gebiet ideales Jagdterrain – allen voran dem mächtigen Kalahari-Löwen und den Hyänen; seltener sind Leoparden und Geparden zu finden. Eine mit zweihundert Arten beachtlich reiche Vogelwelt läßt sich ebenso beobachten. Auffallend sind vor allem die oft riesigen Gemeinschaftsnester der Siedelweber – zahlreiche Bäume tragen eine jener Vogelkolonien.

Tsitsikamma-Küsten-Nationalpark und Tsitsikamma-Forest-Nationalpark. In der Klimaregion mit ganzjährigem Regen liegen der Tsitsikamma-Küsten-Nationalpark und der Tsitsikamma-Forest-Nationalpark. Ihren merkwürdigen Namen haben sie von einem Wort aus der KhoiKhoi-Sprache, das soviel wie «klares, sprudelndes Wasser» oder «Klang des Regens» bedeutet. Für beide Parks typisch ist der Fynbos, doch reichen auch immergrüne, dichte Wälder die Hänge hinauf. Stieleiben, Gelbholzbäume, sogenannte «Big Trees», umgeben von Baumheide, Proteen, Orchideen, Lilien und Baumfarne charakterisieren die Flora dieser beiden außergewöhnlichen Schutzgebiete. Die Baumbestände sind großteils sehr alt. Der 1964 gegründete Küstenpark erstreckt sich über hundert Kilometer zwischen dem Big River und der Plettenberg Bay und ist der älteste seiner Art in Afrika. Er reicht von den früheren, inzwischen im Trockenen liegenden Kliffs mit ihren fossilen Strandterrassen über den heutigen Grenzbereich zwischen Land und Meer mit seinen abwechselnden Steilabbrüchen und den dazwischen gelagerten einsamen Sandbuchten bis fünf Kilometer in den Ozean hinaus. Die Flüsse aus dem Hinterland haben in die gehobenen Plateaus an der Küste tiefe Schluchten gegraben und färben mit ihrem hohen Gehalt an organischen Säuren das Meerwasser braungrün bis schwärzlich. 210 Vogelarten, von denen allein 35 Seevögel sind, das mannigfaltige Leben im Meer, aber auch die seltenen Kapgreisböcke, Schirrantilopen, Blauducker und Blauaffen im Hinterland prägen das Unverwechselbare der beiden Nationalparks.

Golden-Gate-Highlands-Nationalpark. An der landschaftlich reizvollen Highland-Route im östlichen Oranje-Freistaat nahe der Grenze zu Lesotho liegt der Golden-Gate-Highlands-Nationalpark mit seinen typischen malerischen Sandsteinformationen. Geschützt wächst hier die Sauergrasvegetation des zentralen Hochlandes. Der sommerliche Blütenzauber aus Watsonias, Lilien und anderen einheimischen Wildblumen und Bäumen, die zum Teil nur in diesem Landstrich vorkommen, ist besonders farbenfroh. Bizarre Felsen wechseln ab mit sanftgrünen Hängen, tiefen Schluchten, in die Wasserfälle plätschern, kleinen dichten Wäldchen und ruhigen Seen. Nur einige kleinere Antilopen und Steppenzebras weiden die zarten Matten ab; Adler, Bartgeier und andere Raubvögel kreisen stundenlang über der Stille. Im Winter gefrieren die Wasserfälle zu mächtigen Eiskaskaden, und bisweilen bedeckt ein sanfter Schneeschleier Ebenen und Hänge. Eine ähnliche, ja wegen seiner außergewöhnlichen Formen noch eindrucksvollere Szenerie bietet nur der Blyde River Canyon in Osttransvaal.

Addo-Elephant-Nationalpark. Zum Schutz der letzten Kapelefanten wurde 1931 wenige Kilometer nördlich von Port Elizabeth der Addo-Elephant-Nationalpark gegründet. Nicht nur die südlichsten wilden Elefanten der Welt, sondern auch die höchste Populationsdichte von Großsäugern erfordern ein ausgeklügeltes Verwaltungssystem. Mehr als 130 Elefanten, einige hundert Elenantilopen, Kudus, Büffel und selbst Spitzmaulnashörner besiedeln den nur 7700 Hektar kleinen Park, in dem es kaum größere Bäume gibt. Artenreiches Dickicht bietet den Tieren jedoch einen idealen Schutz und eignet sich zudem als hervorragendes Brutgebiet für rund 170 verschiedene Vögel, vom Strauß über Habichte und Moorhühner bis hin zu kleinen Finken, Glanzstaren und Kaptäubchen.

Naturparks im Natal. Eine vielseitige Landschaft und Tierwelt bieten die vom Natal Parks Board verwalteten Naturreservate in Nordnatal. Im *Umfolozi* und im *Hluhluwe Game Reserve* gibt es noch verhältnismäßig viele Breit- und Spitzmaulnashörner. Beide Reservate liegen im Übergangsbereich vom Grasland zur Waldsavanne, wo mannigfaltige Biotope entstanden sind. Typische Savannenbewohner wie Büffel, Antilopen, Zebras und Warzenschweine leben hier ebenso wie Elefanten, Giraffen und Nashörner, die aufgelockerte Gehölzbestände bevorzugen. Selbst Waldbewohner, vor allem Affen, sind hier zu finden. In den Flüssen tummeln sich Nilpferde und Krokodile auf kleinem Raum. Die teilweise parkartigen, teilweise mit dornigem Gestrüpp besetzten Gebiete des *Mkuzi Game Reserve* bieten Unterschlupf für die typische Tierwelt des nördlichen Zululandes. Fast so viele Vogelarten wie im Krüger-Nationalpark, Klippspringer, Ducker, Oribi, Steinböckchen und andere Kleinantilopen, Schakale, Leoparden sowie einige Nashörner machen das Reservat zu einem wahren Kleinod. Mit einigen Superlativen wartet der *St.-Lucia-Komplex* an der Küste des Zululandes auf. Zwischen der Sodwana Bay und Cape Vidal liegen die am weitesten südlich vorkommenden Korallenriffe der Welt. Der St.-Lucia-Park, der sich um den gleichnamigen langgestreckten See zieht, beherbergt die einzige Brutkolonie von Rötelpelikanen in Südafrika. Strandbrütende Meeresschildkröten, Meerkatzen und andere Affen besiedeln die mit 150 Metern vermutlich höchsten bewaldeten Dünen der Welt im Cape-Vidal-Staatswald direkt an der Küste des Indischen Ozeans. Um den küstennahen See hat sich ein natürlicher subtropischer Küstenwald entwickelt. Den See selbst bevölkern Nilpferde, Krokodile, Reiher, Pelikane und je nach Jahreszeit viele hundert Flamingos.

Royal-Natal-Nationalpark. An den Abhängen der Drakensberge liegt wie in einem römischen Amphitheater der Royal-Natal-Nationalpark. Immergrüner feuchter Bergwald, alpine Steppen und Heiden in den höheren Lagen, Dickichte und der sogenannte Fynbos –

Symbolträchtiger Empfang: Zwei Elefantenstoßzähne zieren das Eingangsschild zum Olifants (Elefanten) Camp im Krüger-Nationalpark. Da das Camp auf einer Klippe hundert Meter über dem Olifants River liegt, bietet sich von dort ein überwältigender Blick über die Flußlandschaft und das weite Lowveld.

«Crocodile Creek»: Private Krokodilparks gibt es an mehreren Stellen der Küste von Natal, wie hier bei Tongaat.

eine Art hartlaubiger Wildvegetation – in den etwas niedrigeren Ebenen charakterisieren das Land am Ursprung des Tugela River. Besonders häufig sind hier die Proteen, die Nationalblumen Südafrikas. Raubvögel und an das unwegsame, steinige Gebiet angepaßte kleinere Antilopen, wie Bergriedböcke und Klippspringer finden hier einen optimalen Lebensraum.

Neben diesen wohl bedeutendsten Naturschutzgebieten befinden sich in Südafrika in jeder Vegetationszone oder an besonderen Naturschönheiten viele weitere kleinere Nationalparks und Reservate: So zum Beispiel der *Augrabies-Falls-Nationalpark* mit seinen mächtigen Wasserfällen, die inmitten eines Trockenraumes, wo sonst nur Köcherbäume wachsen, durch das Spritzwasser die Bäume stets grün erscheinen lassen; oder der *Mountain-Zebra-Nationalpark* im östlichen Kapland, der den selten gewordenen Bergzebras und einer Brutkolonie von Schwarzen Adlern Schutz bietet; oder der *Karoo-Nationalpark*, der nur nach ergiebigen Regengüssen ein wunderbares Blütenmeer entstehen läßt, ansonsten aber eher kahl ist.

Städte

Bisho   Die ehemalige «Hauptstadt» der Ciskei ist eine der jüngsten Städte Afrikas, gegründet in den siebziger Jahren. Bisho, mit Parlamentsgebäude und Ministerien eine reine «Beamtenstadt», bildet seit 1994 das vorläufige Verwaltungszentrum der Provinz Ostkap. Sie teilt sich diese Funktion mit dem nur wenige Kilometer entfernten King William's Town, das seit 1835 ein Missions- und Handelszentrum im Hinterland von East London ist. Die «Doppelstadt» spiegelt die «Dritte Welt»-Situation der Armutsgebiete Ciskei und Transkei wider: Verfall der Infrastruktur trotz lokalen Aufbaus,

tausende Menschen im «informellen Sektor» als Straßenhändler, wachsende Armutssiedlungen.

Bloemfontein   Die Provinzhauptstadt des Freistaats ist zugleich Sitz des Obersten Gerichts der Republik Südafrika. Fast 1400 Meter ü. d. M. gelegen, ist die Stadt durch ihre günstige Lage ein wichtiger Verkehrsknoten im Eisenbahn- und Straßennetz. Eine von vielen Blumen umgebene Quelle gab dem 1846 gegründeten Bloemfontein seinen Namen. Heute ist die etwa 300 000 Einwohner zählende Stadt beliebter Tagungsort für Kongresse und Konferenzen sowie ein Bildungszentrum mit regem universitären Leben.

Cape Town → Kapstadt

Durban   Die Hafen- und Industriestadt am Indischen Ozean ist mit mehr als einer Million Einwohnern einschließlich der Vororte die zweitgrößte Stadt des Landes. Um die Bucht von Natal hat sich seit 1824 Südafrikas bedeutendster Seehafen entwickelt. Er ist «Umschlagplatz» für das Bergbau- und Industriegebiet des Witwatersrand im Binnenland und hat deshalb einen der größten Containerterminals der südlichen Halbkugel. Um den Hafen entwickelten sich zahlreiche Industriebetriebe, von der Nahrungs- und Genußmittelindustrie bis zum Schiffbau. Banken, Versicherungen und Geschäftshäuser prägen das Bild der City. Der größte Ferienort an den Küsten Südafrikas zieht mit seinen kilometerlangen Sandstränden am Indischen Ozean, dem Aquarium und dem Schlangenpark jährlich über zwei Millionen Besucher an. Sie treffen auf eine moderne und großzügig angelegte Stadt mit prächtigen Gärten und Parks. Einen besonderen Charme erhält Durban durch sein orientalisches Flair, leben hier doch über 500 000 Bewohner asiatischer Herkunft; die meisten von ihnen sind Inder. Auf einen asiatischen Basar versetzt fühlt man sich deshalb auf dem Indian Market

oder dem noch faszinierenderen benachbarten Obst- und Gemüsemarkt. Zunehmend wird Durbans Stadtbild von Straßenhändlern geprägt, die ihre Waren anbieten. Wer das tropisch-heiße, feuchte und schwüle Klima erträgt, wird von einer Vielzahl blühender exotischer Pflanzen und Blumen belohnt.

East London   Aus einer an der Mündung des Buffalo River 1847 gegründeten Verteidigungsanlage, dem Fort Glamorgan, in der Kampfzone zwischen Buren und dem Volk der Xhosa, entwickelte sich im Laufe der Jahre ein Handels- und Industriezentrum in der Provinz Ostkap.

Um den einzigen Flußhafen Südafrikas von wirtschaftlicher Bedeutung siedelte sich Industrie an, etwa eine so wichtige wie die Automobilindustrie am Westufer des Flusses. Im Schatten der Seehafenstädte Durban und Kapstadt gelegen, hat sich die etwa 200 000 Einwohner zählende Stadt jedoch trotz ihrer Bedeutung als Umschlagplatz für landwirtschaftliche Produkte ihre Beschaulichkeit bewahrt.

George   1811 gegründet und nach dem britischen König Georg III. benannt, ist die Stadt heute ein Verwaltungs- und Handelszentrum im Süden der Provinz Westkap. Das milde Klima in etwa 230 Meter Höhe und der nur acht Kilometer entfernte Indische Ozean haben den Hauptort der Gartenroute zu einem beliebten Ruhesitz für Pensionäre gemacht. Die Umgebung wird intensiv landwirtschaftlich genutzt, und immergrüne Wälder und ausgedehnte Forsten bieten eine gute Grundlage für die Holzindustrie.

Grahamstown   Die Universitätsstadt im Herzen der Provinz Ostkap ist für ihre vielen Schulen berühmt, die zu den besten des Landes zählen. Reich an historischen Gebäuden aus der britischen Kolonialzeit wie. der 1824 begonnenen ältesten anglikanischen

Kirche in Südafrika oder dem Rathaus von 1882, erinnert in Grahamstown vor allem auch das Memorial Museum an die Geschichte und Kultur der Siedlungszeit. Im nahegelegenen Bathurst südlich der Stadt sind noch einige Bauten der Anfangsjahre der britischen Siedler erhalten geblieben, so eine Kapelle von 1832 und ein Gasthaus von 1831.

Johannesburg   Die Weltstadt, die «Goldstadt», die größte Stadt Südafrikas und des gesamten südlichen Afrika, ist faszinierend und furchterregend. Nicht zu Unrecht wird *Joburg*, wie die Stadt von den Einheimischen kurz genannt wird, mit Chicago oder Manhattan verglichen, denn die Skyline läßt an amerikanische Metropolen denken.

Die weißgelben Sandhalden, Rückstände des Goldbergbaus, erinnern an die Grundlage des Reichtums dieser Stadt, die knapp über hundert Jahre alt ist. Die Börse, die Versicherungen, die Banken und die Büros der großen Bergbau- und Industrieholdings zeigen, daß Johannesburg heute viel mehr ist als Mittelpunkt des Goldbergbaus: Es hat sich zu einem internationalen Finanz- und Geschäftszentrum entwickelt.

Der Hektik des Geschäftslebens und dem Streß des großstädtischen Verkehrs unterliegen nahezu alle Bevölkerungsschichten und -gruppen. So hat die Stadt des Goldes nichts mehr von der Ruhe des «alten Afrika». Statt dessen herrscht Tag und Nacht reges Treiben, sind Rauschgiftgeschäfte an der Tagesordnung, kämpft Johannesburg gegen eine hohe Kriminalitätsrate: Ausdruck der Armut vor allem schwarzer Bevölkerungsschichten, der damit einhergehenden Frustration und des Protestes. Firmen und Privathäuser sind deshalb mit Alarmanlagen «gespickt»; manche Häuser gleichen Festungen.

Als Ausbildungszentrum und Universitätsstadt hat Johannesburg ein guten Ruf. Das kulturelle Angebot der Stadt ist für Südafrika ebenso einmalig wie die Vielzahl unterschiedlicher Bars,

Helmut Jahn, der Architekt des Frankfurter Messeturms, hat dieses Hochhaus entworfen, das seit 1986 die Silhouette der Innenstadt von Durban bestimmt.

Restaurants und Einkaufsmöglichkeiten. Der internationale Flughafen Johannesburg liegt etwa 15 Kilometer östlich der City in Kempton Park.

Kapstadt Kapstadt ist als Sitz des südafrikanischen Parlaments neben Pretoria als Regierungssitz und Bloemfontein als Standort des Obersten Gerichtshofs eine der Hauptstädte des Landes. Heute zählt die 1652 zur Versorgung der Schiffe von der Niederländisch-Ostindischen Kompanie am Rande der Tafelbucht gegründete Stadt mehr als eine Million Einwohner.

Die langen Jahre britischer Vorherrschaft am Kap haben das Bild der niederländischen Anfänge verändert. Dieses Erbe hat wohl auch die berühmte liberale Tradition Kapstadts geprägt.

Die Stadt am Fuß des Tafelbergs ist weltoffen, multikulturell, freigeistig, mit einem Wort: kosmopolitisch.

In der City, die sich zwischen dem Hafen und dem Tafelbergmassiv erstreckt, haben viele Banken, Versicherungen, Handelsgesellschaften und Industriefirmen ihren Hauptsitz. Im Nordosten der Stadt sind zudem von der Schiffsreparatur über Erdölraffinerien bis hin zu Textilfabriken Industrien entstanden, die den zweitgrößten Hafen des Landes zu nutzen wissen.

Als «Mutterstadt Südafrikas» gehört Kapstadt durch seine Lage zwischen Meer und Gebirge, seine Strände am Atlantik und am Indischen Ozean und durch sein mediterranes Klima zu den beliebtesten Fremdenverkehrszielen in Südafrika. Seine Seebadeorte von Seapoint bis Clifton am Atlantik oder von Muizenberg bis Fish Hoek an der False Bay bieten für jeden Geschmack etwas. Der Nationale Botanische Garten von Kirstenbosch am Osthang des Tafelbergmassivs gilt als einer der schönsten der Welt. Hier werden die heimischen Pflanzenarten gesammelt, gezüchtet und studiert.

Auch als Universitätstadt, als Ausbildungs- und Kulturzentrum mit vielen Theatern, Museen, kulturellen Veranstaltungen und einem eigenen Symphonieorchester hat Kapstadt einen guten Ruf.

Kimberley Der Name Kimberley ist für immer mit Diamanten verbunden: Als 1869 in der Gegend Diamanten gefunden wurden, setzte ein wahrer Diamantenrausch ein und der Abbau in Minen begann. Bis heute stellen die kostbaren Steine eine Säule des Reichtums von Südafrika dar. Das «Big Hole» mit einer Tiefe von 800 und einem Umfang von 1600 Metern zeugt vom ungeheuren Einsatz der Bergleute in Kimberley. Die Verwaltung des Bergbaukonzerns De Beers, der den Welthandel mit Diamanten kontrolliert, befindet sich bis heute in Kimberley. Seit 1994 ist Kimberley Verwaltungssitz der Provinz Nordkap.

Mmabatho Die ehemalige «Hauptstadt» von Bophuthatswana ist seit 1994 das vorläufige Verwaltungszentrum der Nordwestprovinz. Die junge Verwaltungsstadt mit ihren Neubauten, wie einem ultramodernen Einkaufszentrum, dem Parlamentsgebäude und der Universität wird ergänzt durch die Nachbarstadt Mafikeng. Bis 1980 als Mafeking bezeichnet, ist diese Stadt eine der ältesten Gründungen in Südafrikas «Wildem Westen», Treffpunkt von Jägern, Missionaren, Abenteurern auf dem Weg durch das Innere Südafrikas, und seit 1885 Verwaltungssitz für das ehemalige britische Betschuanaland.

Nelspruit Die mittelgroße Stadt in Osttransvaal, heute Mpumalanga, wird als «die Perle des Lowveld» bezeichnet. Sie ist Zentrum eines der größten Obstanbaugebiete Südafrikas und Standort des Forschungsinstituts für Tropische und Subtropische Früchte. An der wichtigen Verkehrsachse vom Binnenland zum Seehafen Maputo in Moçambique sowie zum Krüger-Nationalpark gelegen, profitiert Nelspruit vom Strom der Reisenden.

Das Klima ist tropisch-heiß, in der sommerlichen Regenzeit schwül, so daß die kühleren Berggebiete der Drakensberge westlich von Nelspruit mit ihren Forsten und Wasserfällen locken.

Oudtshoorn Die Stadt im Osten der Provinz Westkap ist das Zentrum der Kleinen Karoo. Dieser Landstrich mit einem halbwüstenhaften Klima wurde im 19. Jahrhundert zum Mittelpunkt der südafrikanischen Straußenzucht. Prunkvolle Villen, die sogenannten Straußenpaläste, zeugen noch heute von der Blütezeit dieser Epoche. Als Handelszentrum des Farmgebietes und Durchgangsort für Touristen auf der Fahrt zu einer der Straußenfarmen hat sich Oudtshoorn seine Bedeutung als größte Stadt der Kleinen Karoo bewahrt. Die Cango Caves in der Nähe der Stadt sind ein großes System von Karsthöhlen und ein beliebtes Ausflugsziel.

Pietermaritzburg Die Hauptstadt der Provinz Kwazulu/Natal liegt achtzig Kilometer nordwestlich von Durban. Die englische Kolonialverwaltung wählte den Standort der kleinen, 1839 von Buren gegründeten Siedlung deshalb als Verwaltungszentrum von Natal, da das Klima hier in 700 Meter Höhe wesentlich erträglicher ist als im tropisch-heißen Durban.

Zwar erinnern noch einige kleine historische Bauten an die Voortrekkerzeit, doch ist Pietermaritzburg heute ein «Schatzkästchen» britischer Architektur und Planung in Südafrika; allein 16 Gebäude stehen unter Denkmalschutz. Die Stadtverwaltung und der Geschichtsverein haben einen reizvollen «Fußweg durch die Vergangenheit» eingerichtet. Dank des milden und feuchten Klimas und der britischen Tradition im Gartenbau wird die etwa 300 000 Einwohner zählende Großstadt auch als «Blumenstadt» bezeichnet. In der Fußgängerzone findet sich ein Denkmal für Mahatma Gandhi, der hier wirkte.

Daneben ist Pietermaritzburg Universitätsstadt und Kulturzentrum mit einem berühmten Nationalmuseum. Da in Durban keine Erweiterungsmöglichkeiten mehr bestehen und Arbeitsplätze für das äußerst dicht bevölkerte Zululand dringend gebraucht werden, dient die Stadt als Ausweichmöglichkeit einer ständig wachsenden Industrie.

Pietersburg 1884 gegründet, ist die Stadt das Verwaltungs-, Handels- und Ausbildungszentrum der Nordprovinz. Die geschäftige und moderne Stadt liegt inmitten eines bedeutenden Farmgebiets mit Rinderzucht, Obst- und Gemüseanbau. Pieterburg ist beliebte Durchgangsstation auf dem Weg in den Krüger-Nationalpark.

Als Verkehrsknoten an der Nationalstraße 1 Richtung Zimbabwe gelegen, verfügt sie über einen neuen internationalen Flughafen. Die Industrie befindet sich im Ausbau, da Arbeitsplätze für die Menschen aus den dicht bevölkerten Kleinbauerngebieten in der Umgebung geschaffen werden müssen.

Pretoria Regierungssitz der Republik Südafrika, bedeutendes Zentrum des Handels und der Industrie sowie der Ausbildung und Forschung – so könnte man die Stadt mit wenigen Worten beschreiben. Doch Pretoria trägt auch den Titel «Jacaranda-Stadt», da sie in den Frühjahrsmonaten Oktober und November in das lilafarbene Blütenmeer dieser Bäume getaucht ist. Das wintermilde, sommerheiße Klima und die geschützte Lage in den Tälern zwischen den Bergketten der Magaliesberge sorgen dafür, daß diese 1888 aus Argentinien eingeführten Bäume hier prächtig gedeihen. Historischer Mittelpunkt der Stadt ist der Church Square mit

Links: Die City Hall (Rathaus) am Marktplatz von Port Elizabeth.

Rechts: Ein besonders gelungenes Beispiel kapholländischer Architektur ist das Burgerhuis in Stellenbosch, das 1797 als Privathaus errichtet wurde.

Port Elizabeth Die Geschichte der Stadt an der Westküste der Algoa Bay im Süden der Provinz Ostkap reicht zurück auf das 1799 hier an der Mündung des Baakens River von den Briten gegründete Fort Frederick – ein frühes Zentrum der britischen Expansion in Südafrika

Ab 1820 wurde der Militärstützpunkt und Hafen für britische Siedler nach der Frau des britischen Gouverneurs Donkin Port Elizabeth genannt. «P. E.», wie man die Stadt kurz nennt, blieb bis zur Entwicklung der Industrie nach dem Zweiten Weltkrieg eine mittelgroße Stadt ohne besondere Bedeutung.

Erst der Ausbau des Hafens – heute der drittgrößte Südafrikas –, die Förderung der Industrie, vor allem im Bereich der Metallverarbeitung und des Kraftfahrzeugbaus, sowie die Eröffnung der Universität im Jahr 1964 mit inzwischen über 5000 Studenten ließen die heute fünftgrößte Stadt des Landes zu einem wichtigen Industriestandort an der Südostküste werden.

Die Vororte von Humewood bis Summerstrand an der Algoa Bay ziehen nicht nur viele erholungsuchende Familien an, sie eignen sich durch die kräftigende Luft des Ozeans auch hervorragend als Altersruhesitz. Ozeanarium, Tropenhaus und Schlangenpark ziehen Naturliebhaber aus aller Welt an. Der «Fußweg durch die Vergangenheit» führt an herausragenden Beispielen britischer Kolonialarchitektur und Denkmälern aus der Geschichte der Kapregion vorbei.

Potchefstroom 1838 von Voortrekkern auf dem Binnenhochland gegründet, ist Potchefstroom die älteste Stadt des ehemaligen Transvaal; bis 1860 war sie Hauptstadt dieser Provinz.

Die inmitten von Getreidefeldern und ausgedehnten Viehweiden gelegene Universitätsstadt ist stark von der Tradition des Burentums geprägt. Davon zeugen eine Reihe restaurierter historischer Gebäude, etwa die reformierte holländische Kirche von 1866 oder die alte Festung nahe dem Bahnhof. Nachdem bei der Stadt, die nur 110 Kilometer südwestlich von Johannesburg an der Verkehrsachse vom Witwatersrand nach Kimberley liegt, Gold gefunden wurde, siedelt sich mehr und mehr Industrie an.

dem Krügerdenkmal und einigen historischen Bauten der ehemaligen Republik Transvaal, als deren Hauptstadt Pretoria seit 1860 aufblühte. 1910 wurde die Stadt Sitz der Regierung der ehemaligen Union von Südafrika.

Die City wird heute überragt von den Hochhäusern der Banken und Versicherungsgesellschaften und geprägt durch klimatisierte Einkaufszentren. Modern mutet auch der Komplex um das Staatstheater an. Das Union Building, ein ausgewogener klassizistischer Bau des berühmten englischen Architekten Baker aus den Jahren 1910 bis 1913, besticht bis heute durch seine Lage und durch seine klare Gliederung.

Das Voortrekker Monument etwa sechs Kilometer südlich des Stadtzentrums erinnert an die Zeit des Großen Trecks und die Entscheidungsschlacht gegen die Zulu 1838 am Blood River; die protzige Zurschaustellung der blutigen Ereignisse in der 1949 eingeweihten Gedenkstätte nach dem Vorbild des Völkerschlachtdenkmals in Leipzig stimmt heute eher nachdenklich.

Für naturkundlich und naturgeschichtlich Interessierte empfiehlt sich ein Besuch im Nationalen Zoologischen Garten und im Transvaal Museum.

Die Universitäten, Forschungseinrichtungen und Dokumentationszentren der Stadt wie etwa die Staatsbibliothek haben auch international einen guten Ruf. Die Industrieentwicklung vollzieht sich in Richtung Norden, wo in den dicht bevölkerten Gebieten der Nordwestprovinz Tausende von Arbeitskräften zur Verfügung stehen. Dort sind auch «in Reichweite» von Pretoria und Johannesburg Vergnügungszentren wie Sun City, das Las Vegas Südafrikas, entstanden.

Soweto Der Name steht als Abkürzung für die englische Bezeichnung South Western Townships. Die riesige, für Schwarze errichtete Wohnsiedlung beherbergt nach offiziellen Angaben etwa eine Million Menschen. Schätzungen gehen von etwa doppelt so vielen Bewohnern aus, wobei überbelegte Häuser und Wellblechbuden als Unterkunft dienen. Für eine «Stadt» fehlen Soweto alle Kennzeichen: Das Zentrum einer Millionenstadt sucht man vergeblich,

diese Funktion hat die City von Johannesburg in etwa zwanzig Kilometer Entfernung inne. Hunderttausende von Pendlern verkehren täglich von Soweto nach Johannesburg oder in andere Städte des Witwatersrand.

Soweto entwickelt langsam eine städtische Infrastruktur: Schulen, Kindergärten, Waisenhäuser, Sportanlagen und Supermärkte entstehen. Überraschenderweise gibt es sogar Villenviertel. Trotzdem trägt Soweto bis heute die Züge einer «Schlafstadt» für ein Heer von Arbeitskräften. In Soweto ballen sich jedoch auch die ungeheuren wirtschaftlichen und politischen Probleme, mit denen sich das Land auseinandersetzen muß. Kriminalität, hohe Arbeitslosigkeit und Drogen bilden hier einen ständigen Konfliktherd.

Stellenbosch Die Universitätsstadt liegt vierzig Kilometer östlich von Kapstadt inmitten eines Weinbaugebietes zu Füßen der Kapketten. Ihr besonderer Reiz kommt in der Bezeichnung «Eichenstadt» zum Ausdruck: immergrüne Eichen säumen die

Straßen der Innenstadt, an denen zahlreiche historische Gebäude die Stadt zum Freilichtmuseum machen.

Manche der unter Denkmalschutz stehenden Gebäude sind in hübsche Restaurants umgestaltet, die einheimische Küche und exzellente Weine anbieten. 1679 vom niederländischen Gouverneur Simon van der Stel gegründet, feierte die Stadt 1979 ihr 300jähriges Bestehen und bezeichnet sich stolz als «zweitälteste Stadt» Südafrikas. Die Universität sowie Wein- und Obstbau bilden die wirtschaftlichen Grundlagen von Stellenbosch mit seinen etwa 40 000 Einwohnern.

Upington Die Stadt am Oranje ist Wirtschafts- und Verkehrszentrum im Norden der Provinz Nordkap. Inmitten einer nahezu wüstenhaften Umgebung wurde hier mit Hilfe des ständig wasserführenden Oranje ein äußerst fruchtbares Bewässerungsgebiet geschaffen. Angebaut werden Weizen, Baumwolle, Obst, Gemüse und Luzerne, in jüngster Zeit sogar Wein.

Register

Text- und Bildnachweis

Textnachweis

Harald R. Bilger: 111mal Südafrika. München: Piper Verlag 1982.

Erna und Helmut Blenck: Südafrika – heute. Wildnis und Wolkenkratzer – Land der Kontraste. Ein Reise- und Erlebnisbericht. Frankfurt am Main: Umschau Verlag 1955.

Emil Holub: Sieben Jahre in Süd-Afrika, Erlebnisse, Forschungen und Jagden auf meinen Reisen von den Diamantenfeldern zum Zambesi (1872–1879). Erster Band. Wien: Alfred Hölder, Hof- und Universitäts-Buchhändler 1881.

Doris Lessing: Erzählungen. Aus dem Englischen von Adelheid Dormagen. Bd. 1: Der Mann, der auf und davon ging. © Doris Lessing. Klett Cotta, Stuttgart 1979.

Laurens van der Post: Die verlorene Welt der Kalahari. Aus dem Englischen übertragen von Leonharda Gescher. Berlin: Karl H. Henssel Verlag, 10. Auflage 1987.

Johann Schreyer: Reise nach dem Kaplande und Beschreibung der Hottentotten 1669–1677. Neu herausgegeben nach der zu Leipzig im Verlag von Johann Christian Wohlfart (1681) gedruckten zweiten Ausgabe des im Jahre 1679 zum ersten Male erschienenen Textes. Haag: Martinus Nijhoff 1931.

M. Wilde: Schwarz und Weiß in Südafrika. Bilder von einer Reise durch das Arbeitsgebiet der Berliner Mission. Berlin: Buchhandlung der Berliner evangelischen Missionsgesellschaft 1913.

Bildnachweis

Africana Museum, Johannesburg: S. 117 (2), 118, 119 o., 121, 123 M., 124 o. und u., 140, 142/143 (4), 144 (2), 220 o.l. und o.M.

Archiv für Kunst und Geschichte, Berlin: S. 51 (3), 136 (2), 137.

Bildarchiv C. J. Bucher Verlag, München: S. 85 (2).

Bildarchiv Preußischer Kulturbesitz, Berlin: S. 138 (2), 139, 141, 220 o.r., 220 u. (3).

Bodo Bondzio, Köln: S. 12/13.

John Campbell: Travels in South Africa, London 1822: S. 119 u.l. und u.r.

James Chapman: Travels in the Interior of South Africa 1849–1863, Reprint von 1971, Balkema, Cape Town: S. 114 (3).

Dorothea Fairbridge: The Pilgrim's Way in South Africa, London 1928: S. 46, 47, 48 (2), 49 (2), 115 (2), 149 o.

Peter Kolb: Vollständige Beschreibung des Africanischen Vorgeburges der Guten Hofnung, Nürnberg 1719: S. 110 (6).

Länderpress, Düsseldorf: S. 89 o.l. und o.r., 218 (3).

François Le Vaillant: Voyage dans l' Interieur de l'Afrique; Paris 1790: S. 112/113 (6).

Library of Parliament, Mendelssohn Collection, Kapstadt: S. 52 u., 53 u.

Sächsische Landesbibliothek, Deutsche Fotothek, Dresden: S. 148, 149 u.

S. Smith: Illustrations of the Zoology of South Africa, London 1849: S. 52 o.r. und o.l., 53 o.r. und o.l.

South African Library, Kapstadt: S. 123 o.l., o.r., u.l., u.r., 221.

South African Tourism Board, Frankfurt: S. 54 u.

Südafrikanische Botschaft, Bonn: S. 89 u.l. und u.r., 174 o.l., 179 o.r. und o.l., 186 u.l. und u.r., 187 u.

Süddeutscher Bilderdienst, München: S. 169 M., 170, 171.

Ullstein-Bilderdienst: Berlin: S. 169 o. und u., 172/173 (6).

Universität Pretoria: S. 108 (2), 109.

Museum für Völkerkunde, Leipzig: S. 86/87 (4), 146 (2).

William Fehr Collection, Kapstadt: S. 116, 120, 124 M.

Wir danken allen Rechteinhabern für die Erlaubnis zu Nachdruck und Abbildung. Trotz intensiver Bemühungen war es aber nicht möglich, alle Rechteinhaber zu ermitteln. Wir bitten diese, sich an den Verlag zu wenden.

Alle übrigen Abbildungen stammen von Christian Heeb.

Die Karten auf den Seiten 28, 58, 90, 126, 150, 190, 232 und 251 zeichnete Astrid Fischer-Leitl, München.

Vor- und Hintersatz: Der Blyde River Canyon

Der Fotograf Christian Heeb dankt folgenden Institutionen und Firmen für ihre freundliche Unterstützung bei der Entstehung dieses Buches: SATOUR, South African Tourism Board SAA, South African Airlines Southern Sun Hotels Holiday Inn Hotels

Impressum

Der Verlag dankt Jürgen Kempf für seine kenntnisreiche und engagierte Hilfe bei der Lektoratsarbeit.

Bildkonzeption: Axel Schenck
Lektorat: Gerhard Seidl, Linda Walz, Katrin Ritter
Bilddokumentation: Maria Guntermann
Graphische Gestaltung: Barbara Markwitz
Herstellung: Angelika Kerscher

Technische Produktion: Fotosatz Ressemann, Hochstadt; Repro Ludwig, A-Zell am See; Westermann Druck, Zwickau

© 1992, 1993, 1995, 1996, 1998, 2001 by C. J. Bucher Verlag in der Econ Ullstein List Verlag GmbH & Co. KG, München
Alle Rechte vorbehalten
Printed and bound in Germany
ISBN 3-7658-1294-3